MW01145851

La Niña de Arroyo Blanco

De la autora de la novela
Esperando en la calle Zapote,
ganadora del premio *Latino Books
Into Movies Award*, categoría Serie de
TV Dramática

Betty Viamontes

La Niña de Arroyo Blanco

Copyright © 2019 por Betty Viamontes
Todos los derechos reservados. Excepto pa-
ra breves extractos en reseñas, ninguna parte de
este libro puede ser reproducida en ninguna for-
ma, ya sea impresa o electrónica, sin el permiso
expreso por escrito del autor.
Publicado en los Estados Unidos por
Zapote Street Books, LLC, Tampa, Florida
Este libro es una obra basada en hechos
reales.
ISBN: 978-1-698900360
Impreso en los Estados Unidos de América

Les dedico este libro a—

Mi madre, mi faro de luz incluso después de su muerte.

Mi amado esposo, por apoyar mi participación comunitaria y mi carrera de escritura, por ser el amor de mi vida y mi mejor amigo.

Mis leales lectores, por leer mis libros y animándome a seguir escribiendo.

Mi suegra Madeline y mi suegro Guillermo, quienes se reunieron conmigo por más de dos años para ayudarme a documentar su historia. Gracias por su amor y apoyo.

Los miembros de todos los clubes de lectura que tan amablemente han elegido los libros Esperando en la calle Zapote, La danza de la rosa, Los secretos de Candela y otros cuentos de La Habana, y La Habana: El regreso de un hijo para sus discusiones de grupo.

Capítulo 1 - Madeline

LO CONOCÍ EN ARROYO BLANCO, un pueblo sobre el que nadie escribía, antes que el tiempo y la política lo borrara de la existencia; un lugar demasiado dedicado a sobrevivir para notar la tormenta que se avecinaba. Yo tenía catorce años, pero nuestras edades diferentes no importaban en un lugar donde las chicas se casaban a los quince años.

Cuando mis padres y yo visitábamos el centro del pueblo, él me miraba desde el otro lado de la calle. Caminando a mi ritmo, ignoraba al viejo vendedor ambulante que pasaba vendiendo refrescantes granizados de naranja y limón. El bigote fino y el cuerpo musculoso de mi admirador lo hacían parecer unos años mayor que yo, pero la intensidad de su mirada era cautivadora. Me atraía. Le otorgaba una apariencia misteriosa e intrépida, tan diferente de mí, temerosa de mi propia sombra.

Un día, mientras giraba la cabeza para mirarme, chocó con una pareja bien vestida que venía en la otra dirección. Mientras se disculpaba, me cubrí la boca para ocultar mi risa.

Capítulo 1 - Madeline

Durante un tiempo mantuvo su distancia, incluso en esas ocasiones en que dejé a mis padres en la tienda de comestibles para visitar la heladería con mi mejor amiga, Mirta. Ella era una chica corpulenta, tres años mayor que yo, cuya cara redonda siempre se mostraba feliz con una sonrisa contagiosa. Nos tratábamos como hermanas y compartíamos nuestros secretos más íntimos.

En una calurosa tarde de agosto del año 1955, cuando el sol horneaba la vía del ferrocarril que dividía la calle principal, y las mujeres y las niñas caminaban en ambas direcciones abanicándose, lo oí hablar por primera vez, un sutil — Buenas tardes, señorita —cauteloso y respetuoso. Tenía una voz varonil que me resultó agradable. En ese momento, Mirta y yo estábamos caminando frente a una fila de tiendas, mientras conversábamos sobre un artículo relacionado con Fidel Castro que había aparecido en la Revista Bohemia. El joven revolucionario volvía a dominar las noticias, luego que el presidente Batista le concediera una amnistía, dos años después que Castro y sus hombres atacaran el Cuartel Moncada en Santiago de Cuba.

—Creo que es tan guapo y valiente, —me dijo y suspiró.

—Mi padre no confía en él —le dije—. Cuestiona sus motivaciones, y yo también.

—¿Cómo puedes decir eso? Todo el mundo adora a Castro. La gente está con él.

Mientras Mirta y yo hablábamos, no sospechábamos el impacto que la liberación de Castro tendría para nuestro pueblo y para Cuba, ni cómo sus acciones afectarían mi vida y la del hombre bien parecido que había despcrtado mi interés.

Cuando escuché la voz de mi pretendiente, dejamos de discutir el artículo y giramos la cabeza en su dirección. Mi mirada se encontró con la suya, y me llamó la atención cuán pequeños eran sus ojos marrones en relación con su rostro. No sabía entonces que le gustaba cantar, pero se parecía a los cantantes bien parecidos que veía en la televisión en blanco y negro de mi abuelo. Su atractivo, su grueso cabello negro y sus hombros anchos, como los de los hombres que trabajaban en las granjas de mi abuelo, despertaron en mí nuevos sentimientos que no entendía.

Después que el joven pasara por nuestro lado, Mirta me dio un ligero empujón.

—¡Le gustas! —susurró.

—¿Quién yo? Es mucho mayor que yo.

—No es tan mayor. ¿Y no viste cómo te miraba? ¡Te estaba comiendo con los ojos!

—¡Ah! No lo creo, pero de ser así, debería ir a buscarse a alguien de su edad.

Por primera vez, escondí mis verdaderos pensamientos de Mirta sin saber por qué. Nos reímos, pero pensé que tenía razón.

—Mi novio lo conoce —dijo.

—¿De veras? ¿De dónde?

—Practican boxeo juntos.

—El boxeo es para los animales —le dije.

Sin embargo, encontré aquella mezcla de rugosidad y amabilidad tan intimidante como fascinante.

3

Capítulo 1 - Madeline

—Sé su nombre —me dijo, arqueando sus cejas.

—¿Cómo se llama?

—¡Lo sabía! Te gusta. Su nombre es Willy.

—No me gusta, ni tampoco me gusta su nombre.

Las dos nos reímos.

Cuando después de ese encuentro no lo vi por dos fines de semana, pensé que no estaba interesado en mí. Tal vez había sido mi timidez, o el atuendo que yo llevaba —una blusa de muselina blanca, con un collar de perlas y una falda dc óvalos— que pensé que me hacía lucir demasiado refinada. O tal vez yo estaba muy delgada o no era lo suficientemente bonita.

Tenía inseguridades muy arraigadas, a pesar de que mi padre trabajaba duro para darme la mejor educación y estilo de vida cómodo que una joven pudiera tener. Independientemente de cuántos pretendientes tuviera, no me consideraba atractiva. Mi pecho estaba más desarrollado que el de muchas chicas de mi edad, y a veces, hombres adultos que venían a nuestra casa a hablar de negocios con mi padre, me miraban de tal manera, que me incomodaba. Esto enfurecía a mis padres, y para ocultar mi cuerpo, mi madre me hacía usar blusas con vuelos y faldas vaporosas. Esta atención indeseada tuvo un impacto diferente en mí que en otras chicas de mi edad. Me sentía avergonzada. Me sentía como un punto negro sobre un lienzo de tela blanca.

Mi relación con mi madre también afectó cómo yo me percibía. Nunca tuve una buena relación con ella durante mi infancia, ya que encendió un botón de castigo físico como si encendiera un interruptor de luz. Yo no entendía por qué, desde que cumplí siete años, me comenzó a dar cocotazos cada vez que se enojaba. En las muchas ocasiones en que mi padre llegó a casa del trabajo y me encontró debajo de la cama llorando, sabía que ella me había golpeado.

—¿Por qué la golpeaste? —le preguntaba.

—Ella está exagerando. No fue así. ¡Se puso a caminar en el suelo mojado!

Esa fue una de las muchas razones que usó para justificarse.

—Por favor, no le vuelvas a pegar —mi padre le pedía.

Él me dijo que las experiencias pasadas moldeaban a la gente, y por un tiempo me pregunté qué secretos tenía el pasado de mi madre que la hacían comportarse así. Su vida había sido un enigma para mí. No hablaba mucho sobre sí misma, una cualidad que pensé que heredó de mi abuela materna.

Cada vez que visitábamos a la abuela, nos cocinaba deliciosos manjares y me miraba degustarlos con orgullo, pero sus ojos revelaban la tristeza de alguien que había sufrido mucho. En cuanto se refería al pasado, ella y mi madre compartían el mismo código de silencio, uno que solo mi padre pudo romper.

Un par de meses antes de mi decimocuarto cumpleaños, mi padre comenzó a compartir conmigo historias sobre el pasado de mamá que me permitieron comprenderla mejor. La comprensión fue el primer paso en mi camino al perdón.

Capítulo 1 - Madeline

Mis abuelos maternos, quienes se casaron cuando eran adolescentes, tuvieron nueve hijos: cinco varones y cuatro hembras. Vivían de la tierra; felices, viendo crecer a sus hijos mientras maduraban y se convertían en los mejores padres que alguien pudiera tener.

Cuando mi abuelo cumplió cuarenta años, una picada de mosquito en su pierna se infectó. Ésta se hinchó y cuando decidió buscar ayuda, ya no podía caminar, por lo que un grupo de hombres tuvo que sacarlo de la granja en una hamaca improvisada. Menos de una hora después, los hombres regresaron con su cuerpo inerte.

Mi abuela lo preparó para el entierro y le envió mensajes a la familia, pidiéndoles que vinieran para darle su último adiós. Durante los dos días siguientes, sus hijos apenas se fueron de su lado.

Después del entierro, Mamá, la más joven y cercana a su padre, no habló durante una semana. Ella tenía siete años entonces, la misma edad que yo cuando ella empezó a golpearme. Perderlo debe haberla impactado más de lo que nadie supo.

Uno de mis tíos me dijo que incluso si mi abuelo hubiese podido llegar al hospital, habría muerto. La penicilina no existía en ese entonces, y su pierna estaba demasiado infestada para la amputación.

Mi abuela Amparo nunca se volvió a casar. Hizo lo mejor que pudo para que la granja ganara lo suficiente para la familia, pero sin la experiencia de mi abuelo, los cultivos se comenzaron a mermar. La falta de una nutrición adecuada atrofió el crecimiento de mi madre. Fue la más bajita de sus hermanos. Mamá solo medía cinco pies, cuatro pulgadas menos que yo cuando me hice adulta. Aunque mamá no heredó la estatura de su padre, encontró consuelo en tener sus ojos verdes y su piel blanca como la leche.

La muerte prematura de mi abuelo sacudió profundamente a mamá y a mi abuela. Un año después, la hermana de nueve años de mi madre murió de septicemia. Mamá le dijo a mi padre que abuela Amparo nunca fue la misma después de la pérdida de su hija. Después de trabajar en la granja todo el día, se sentaba en un sillón del portal y miraba al cielo. A veces, hablaba con su hija muerta y otras veces con su esposo. Ninguno de sus hijos le preguntó sobre sus monólogos. Después de todo, ellos también tuvieron que encontrar sus propias maneras de lidiar con el dolor.

Mientras que el conocer la verdad sobre mi madre me ayudó a entenderla mejor, tener la amistad de Mirta llenó ese vacío que había en mí. Como una hermana mayor, me hablaba de los chicos del pueblo y compartía conmigo los últimos rumores que asolaban a Arroyo Blanco.

Ella era muy honesta. Una vez me dijo que mi apariencia hacía que la gente creyera que yo no realizaba ningún trabajo doméstico. Mis padres podían pagarle a alguien para que limpiara nuestra casa, pero mi madre insistía en hacerlo ella misma. Me enseñó a encerar los pisos de madera barnizada, una tarea que yo realizaba una vez al mes. También la ayudaba a limpiar el portal gris que se extendía de un extremo de la casa al otro.

Me encantaba nuestra casa. Los pastos verdes adornaban sus alrededores, y a unos cien metros del portal se encontraba la vía del ferrocarril, la misma que pasaba por el centro del pueblo. Mirta vivía al otro lado, cerca del alcalde de nuestro pueblo.

Cada mañana, el sonido de los trenes que pasaban y el canto de los gallos me despertaban. Algunos de los trenes llevaban a los trabajadores a los campos de caña de azúcar. Otros recogían la caña que los trabajadores cortaban y la transportaban al ingenio azucarero para su procesamiento. Una vez procesada, se distribuía en Cuba y en el extranjero.

Desde el portal, me gustaba ver a la gente pasando por el camino de tierra a ambos lados del ferrocarril. Viajaban en coche, a caballo, en bicicleta o a pie. Yo nunca vi cielos tan azules, o árboles y pastos tan verdes como los de mi pueblo. Sus arroyos y ríos, combinados con sus tierras fértiles, proporcionaban las condiciones perfectas para plantar muchos tipos de árboles, desde guayabas y mangos hasta cocos, por lo que la comida abundaba en esta zona.

Durante mi niñez, a menudo practicaba el inglés con los jefes norteamericanos de mi padre que visitaban la casa para discutir asuntos de negocios con él. Mientras me mecía en un sillón y leía, podía escuchar a los hombres en el comedor hablando en un español no muy bueno o en inglés. Mis lecciones privadas me permitieron entender algunas de esas palabras en inglés y saludar a los jefes de mi padre en su idioma nativo. El Sr. Dutch me dijo una vez que Arroyo Blanco se decía "*White Creek*" en inglés.

—*White Creek* —repetí para memorizarlo. Me gustaba la forma en que el nombre de nuestro pueblo sonaba en inglés.

El Sr. Dutch era un hombre rubio y de cara roja, más alto que mi padre. Sonreía cuando lo saludaba en su idioma.

—Sigue aprendiendo el inglés —me decía—. Uno nunca sabe cuándo lo que aprende le resultará útil.

Años después comprendería la sabiduría de esas palabras.

Cuando cumplí doce años, mi padre me envió a una escuela diurna para que aprendiera a coser, a cocinar, a preservar alimentos y a convertirme en una exitosa ama de casa. Pensó que estas habilidades me permitirían convertirme en una buena esposa algún día.

—Mi hija nunca tendrá que trabajar para nadie —le dijo a mi madre con orgullo—. Quiero que se case con un buen hombre que se preocupe por ella tanto como yo.

Mi madre rodó los ojos.

—La echas a perder demasiado —dijo —. ¿Tutores de inglés y ahora más clases? ¿Para qué? Nunca necesité tantas clases, y no he tenido problemas.

La oposición de mi madre a estas clases no disuadió a mi padre de que pagara por ellas; por el contrario, lo volvió más decidido a proporcionarme la mejor educación posible.

Capítulo 1 - Madeline

A pesar del ocasional castigo físico que mi madre me administraba cuando yo hacía algo que la enfurecía, vi que había algo bueno dentro de ella. Mi padre a menudo me decía que nadie era completamente bueno o malo, y la noche que vi a mi madre caer de rodillas para pedirle a la Virgen de la Caridad que me sanara —cuando a los trece años mi fiebre subió demasiado— me permitió ver lo bueno dentro de ella. Esa noche, se quedó a mi lado, llorando y acariciándome hasta que me quedé dormida.

También noté lo mucho que cuidaba a mi padre. Las pocas veces que mi padre se quedó enfermo en casa, mamá le hizo té de manzanilla con miel y jugo de limón y le aplicó toallas frías en la cabeza para bajar la fiebre. Esta constante dicotomía de bondad y mezquindad que mi madre mostraba me confundió cuando era niña, pero después de un tiempo, dejé de preocuparme. Después de todo, no podía cambiarla. Nadie podía hacerlo. Como decía mi padre: un árbol que crece torcido, nunca se endereza.

Capítulo 2 – Arroyo Blanco

Para mis padres, vivir en Arroyo Blanco era un orgullo, por la vida decente y próspera que encontraron allí.

Los arroyos que atravesaban mi pueblo le daban su nombre y lo llenaban de vida. Durante el día, se podía escuchar el canto de los gallos, el galope de los caballos y el silbido de los trenes con motor de vapor. Por la noche, la música de los grillos, el sonido del viento acariciando los algarrobos, o la lluvia cayendo sobre las extensas llanuras, regresaban.

Arroyo Blanco tenía tres mil habitantes y tres médicos. Una plétora de personajes interesantes añadía color a un pueblo tranquilo, desde el dentista hasta los dos boxeadores populares. El dentista, el señor Vargas, había ganado notoriedad por dispararle a su novia cuando la encontró con otro hombre. Al terminar su sentencia regresó a su práctica, pero la gente decía que cualquiera que tuviera la necesidad de extraerse una muela tenía que llegar a su oficina antes de las diez. Después de eso, estaba demasiado ebrio para trabajar. Las pocas personas que no escucharon este consejo, incluyendo uno de mis tíos, salieron del consultorio del dentista faltándoles la muela equivocada.

Arroyo Blanco tenía dos tiendas de carne y unas cuantas tiendas de ropa y comestibles, no recordadas tanto por sus nombres, sino por sus dueños, como las tiendas de Borrás, Cipriano, Gustavo Milanés y Rafael Milanés. También tenía una clínica. El hospital más cercano estaba a unos trece kilómetros de distancia en el municipio de Santa Cruz del Sur. Sólo había dos barberos: Mario Reynó y Pepín Avalo.

Siendo un pueblo rodeado de granjas y plantaciones de caña de azúcar y habitado por familias trabajadoras, Arroyo Blanco proporcionaba acceso a tres fuentes principales de ingresos: la tierra, el puerto y los dos grandes aserraderos.

En Arroyo Blanco, los rumores deambulaban por las calles, con residentes prominentes, como Migdalia, esparciéndolos como el polvo en los campos de caña de azúcar. Siendo nuestra reconocida partera, trajo al mundo a la mayoría de los bebés en mi pueblo, incluyéndonos a mi hermana menor y a mí. Tenía piel de chocolate y una sonrisa amable, pero lo que tenía en las habilidades de entrega de bebés le faltaba en atractivo. Durante una época en la que los matrimonios interraciales eran poco comunes, se casó con un descendiente blanco español, causando ondas de choque por toda la ciudad.

Conocía a todo el mundo. Cuando pasaba de casa en casa asistiendo en el parto a las mujeres del pueblo, escuchó muchos secretos, y no le importaba compartirlos por toda la ciudad.

Los rumores no eran el único entretenimiento en Arroyo Blanco. El pueblo tenía dos boxeadores populares y un equipo de béisbol. Todos los domingos, los hombres se reunían en el campo de béisbol y se sentaban en las gradas de cinco niveles de altura para disfrutar de refrescos Materva y Jupiña, sándwiches de cerdo, y dulces de algodón. Mi padre nunca asistió a los juegos. No es que no le gustara el béisbol, pero prefería pasar sus fines de semana con la familia.

Rara vez vi sonreír a mi padre. Inteligente, introspectivo, y más alto y delgado que la mayoría de los hombres del pueblo, inspiraba respeto, por lo que ascendió rápidamente en la compañía donde trabajaba. Los americanos confiaban en él, ya que lo consideraban un líder con buenos instintos. Me preguntaba por qué mi padre se casó con mi madre. Tal vez alguien tan tranquilo y callado como él necesitaba a alguien tan habladora y dramática como ella.

Todos los días, y hasta los fines de semana, mi padre se ponía una camisa de mangas largas y pantalones de vestir. Cuando no estaba trabajando, o pasando tiempo con la familia, escuchaba la radio para mantenerse al día con las últimas noticias políticas. Este era el único medio que tenía para aprender

13

sobre los eventos que ocurrían en el resto del país.

Arroyo Blanco no tenía un periódico; el más cercano era publicado en la Ciudad de Camagüey, situada a más de 90 kilómetros de distancia. Las tiendas locales vendían la revista *Bohemia*, pero cuando las más recientes llegaban a las tiendas del pueblo, las noticias eran viejas.

Arroyo Blanco era un lugar donde no ocurrían hechos excepcionales, menos un día, cuando un adolescente se inebrió frente a la tienda de la familia Milanés. Su padre se enteró por los vecinos. Cuando lo vio tambaleándose y exigiendo más licor, lo abofeteó y avergonzó delante de la gente del pueblo. Luego de este incidente, el chico desapareció. Un grupo de hombres, incluyendo algunos de mis tíos, lo buscaron durante días hasta que lo encontraron muerto. Se había bebido una botella de *Tinta Rápida*, un líquido negro que se usaba para limpiar zapatos. Todos en Arroyo Blanco asistieron a su funeral.

La muerte de ese joven marcó el acontecimiento más impactante que afectó nuestro puerto en su reciente historia, pero la naturaleza pacífica de mi pueblo no duraría. Un par de años después, en las profundidades de los bosques de la Sierra Maestra, al este de Arroyo Blanco, los acontecimientos que transformarían mi pueblo y mi vida se pondrían en marcha.

Capítulo 3 – Willy

—¡Dejen de fajarse ahora mismo! —gritó Sarita, mi hermana mayor, desde el portal.
Llamó a algunos de mis hermanos, los que aún vivían en casa:
—Julio, Rolo, Rigoberto, Leo: ¡vengan y ayúdenme, por favor!
Enrique y yo nos golpeábamos como dos boxeadores en el "*ring*", y mientras el sol cocinaba la tierra fértil, yo defendía mi hombría. Por encima de todo, yo era un hombre. Nadie, ni siquiera mis hermanos, podían sugerir lo contrario. De pronto, escuché la voz de mi madre.
—Muchachos, se van a matar. ¡Paren, por el amor de Dios!
—¡Enrique tiene que aprender a no reírse de mí!
Agarré a mi hermano alrededor del torso y forcejeamos hasta que perdimos el equilibrio y caímos sobre la tierra. Sin embargo, la caída no detuvo los golpes que nos dábamos el uno al otro.

Mi hermana seguía gritando para que mis hermanos la ayudaran. La adrenalina me sostenía. No sentía dolor, ni la sangre corriendo cuando mi rodilla golpeó contra una pequeña roca. Momentos después, dos de mis hermanos corrieron hasta nosotros y nos separaron.

—¡Miren eso! Deberían sentirse avergonzados, peleando por una chiquilla que tú, Willy, ¡ni siquiera conoces! —gritó Sarita. A sus espaldas, mis hermanos y yo llamábamos a Sarita "la *Dictadora*" ya que mi madre le había dado súper derechos sobre sus hermanos menores.

—¡No es mi culpa! —grité—. Enrique me dijo que cuando yo hablaba de Madeline parecía una bailarina tocando un violín.

Mis otros hermanos empezaron a reírse.

—¡No es cómico! —le dije—. Ahora ya sabes lo que esta bailarina puede hacer.

—De acuerdo, mi hermanito —dijo Enrique—. Oye, tremendos puños que tienes. ¡Te la comiste!

Enrique colocó su brazo alrededor de mi hombro.

—¡Tremendo boxeador! —dijo.

Nos reímos y entramos en la casa con los labios rotos.

Era el año 1955, tres años después de que el general Fulgencio Batista se nombrara presidente de Cuba a través de un golpe militar. Aparte de una casa de prostitutas que causó la indignación de todas las esposas del pueblo de Cubitas —donde yo vivía— y de

Arroyo Blanco, y que después de meses de protestas cerró sus puertas, la plaga de crimen organizado y juegos de azar prevalentes en La Habana, no había empañado nuestros pueblos.

Demasiado ocupado para preocuparme por las condiciones que se gestaban en la capital, las cuales alimentarían a la revolución, yo, Willy Montes, pasé tres años lejos de mi pueblo, siendo entrenado en ciencias agrícolas. Ahora, a la edad de diecinueve años y listo para establecerme, no alcanzaba a darme cuenta de lo fuera de mi alcance que estaba la chica en la que puse mis ojos. No sabía que su padre trabajaba como ejecutivo en la respetable compañía *Macareño Industrial Corporation* de Nueva York y que no permitiría que alguien como yo se acercara a su hija mayor, su posesión más preciada.

Mi padre, no era un ejecutivo, pero trabajó duro y educó muy bien a sus hijos. Era dueño de una granja de cinco caballerías donde él y mi madre criaron doce hijos: nueve varones y tres hembras. Desde nuestro predio, podíamos ver a lo lejos, donde el cielo abrazaba la tierra, y a las colinas de Najasa, en guardia, saludando las palmeras reales de las llanuras.

Además de trabajar la tierra, cuando los barcos de carga llegaban al Puerto de Guayabal, ubicado a más de una hora de distancia, mi padre operaba una grúa que levantaba sacos de azúcar para colocarlos en los barcos de carga, mientras que los estibadores llevaban los sacos desde los trenes al puerto. Ser un operador de grúa requería precisión, pero pagaba buen dinero.

Mi padre, o *Viejo*, como lo llamábamos, nos enseñó a sus hijos a plantar verduras, ordeñar vacas y criar ganado, mientras que mis hermanas ayudaban a mi madre a cuidar a los hermanos menores, realizaban labores domésticas, y recogían verduras para las deliciosas comidas que mi madre nos preparaba. En aquellos tiempos, no sufríamos escasez de alimento, y mi familia gustaba de compartirlo con las personas menos afortunadas.

A veces, mi padre usaba su *Jeep* para llevar bolsas de maíz de las granjas de ganaderos locales a sus clientes y no les cobraba por su servicio. Pero su generosidad no terminaba ahí. No había hoteles en nuestro pueblo, por lo que mis padres permitían que hombres que iban de paso, buscando un lugar donde pasar la noche, se quedaran en nuestro establo. Allí dormían en hamacas que ellos mismos traían. Mi madre, demasiado buena para dejarlos ir hambrientos, siempre les daba de comer.

Mamá también adoptó a una familia de cuatro niñas y dos niños. La madre había muerto durante el parto y el padre, adicto al juego de dominó por dinero, no hacía mucho por sus hijos. Nunca criticó al padre por descuidar a su familia. Dijo que diferentes personas afrontaban la pérdida de un ser querido de diferentes maneras, ¿y quién era ella para juzgar?

Mi padre comprendía su necesidad de ser una madre para todos, pero a veces discutían porque tal generosidad no conocía fronteras. Mamá resolvía las discusiones usando el mismo método que usó para conquistar a todos aquellos que conoció: su cocina. Sus sabrosas comidas, las cuales podían competir con las de los mejores chefs del mundo, le dieron tal reputación en la ciudad, que Angelino Guerra, un pariente cercano de Fidel Castro, y la única persona medio famosa que conocíamos, a menudo venía a mi casa a deleitarse con su fricasé de pavo.

A mi madre le encantaba guisar frijoles blancos, colorados y negros; todos cultivados en nuestra granja. Consideraba que su mejor plato era la carne con papas. Aquel delicioso olor a orégano, cebollas, ajo triturado y comino lo podíamos percibir desde el portal. Su sabroso ajiaco, el favorito de mi hermana mayor, consistía en una variedad festiva de casi todas las verduras que plantábamos, como papas, yuca, boniato y zanahorias, con trozos de carne de res o cerdo, y cebollas salteadas, pimientos, ajo, y especias. Cuando crecimos, mi madre lo trituraba todo y lo servía como una sopa espesa que, según ella, podía despertar a los muertos.

Ese manjar era el alma de nuestra granja. Mamá estaba convencida de que su ajiaco sanó a mi hermano Enrique de la difteria que contrajo a los ocho años. La epidemia mató a cientos de personas, pero ella supo desde el momento en que se enfermó que sus comidas le devolverían la salud. Cada mañana, nos levantábamos a las cinco. Los varones ordeñábamos treinta de nuestras ochenta vacas. Las otras estaban preñadas, o sus terneros consumían la mayor parte de su producción. Mamá colaba la leche y la vertía en botellas de vidrio para que mis hermanos y yo las distribuyéramos a nuestros clientes. Estos, a su vez, vaciaban la leche en sus propios recipientes y nos devolvían las botellas de vidrio para que las rellenáramos a la mañana siguiente.

Muchos de los toros los vendíamos cuando tenían dos o tres años: la mejor edad para ganar más dinero por su venta. Nos quedábamos con las vacas jóvenes para reemplazar las más viejas, que eran entonces las que vendíamos.

Luego de terminado el ordeño, nos lavábamos las manos y nos reuníamos alrededor de la gran mesa de cedro en el comedor, que acomodaba hasta veinte personas. Para entonces, mi madre ya había servido el desayuno, y la casa olía a café recién colado y a tostadas con mantequilla. Nuestro desayuno incluía morcilla, chorizo y queso blanco fresco que mis hermanas hacían. A veces, teníamos tocino y cerdo. Otras, teníamos huevas de salmonete, un manjar como el caviar. Mi padre, un pescador de lisa, las extraía del vientre de los peces hembra. Mi madre rodaba la hueva y la freía. Era uno de mis platos favoritos.

20

Al probar cada una de las selecciones, la alegría viajaba alrededor de la mesa. No hablábamos mucho, pero de vez en cuando felicitábamos a mi madre por la exquisitez de su comida. Luego regresamos a la granja listos para otro viaje productivo hasta el almuerzo. Nuestra jornada laboral terminaba alrededor de las cuatro de la tarde, cuando una vez más nos sentábamos alrededor de la mesa para otra deliciosa cena. Esa era nuestra rutina diaria: trabajo duro y buena comida.

A medida que mis hermanos se convirtieron en adultos, se casaron y dejaron la granja, algo que yo también esperaba hacer algún día. Cada vez que uno de nosotros se iba, yo podía ver en los ojos de mis padres una rara mezcla de orgullo y resignación. Crecí escuchándolos decir:

—Estamos criando a nuestros hijos para el mundo; no para nosotros. Esa es la ley de la vida.

Ahora que me había enamorado de la chica más hermosa de Arroyo Blanco, estaba ansioso de casarme con ella y dejar la granja.

Mis hermanos pensaban que yo había perdido la cabeza. Me dijeron que yo necesitaba ponerles frenos a mis ideas y conocerla un poco mejor, pero desde que la vi aquella tarde soleada, no podía dejar de pensar en ella.

Recuerdo cómo el resplandor del sol acariciaba su rostro intachable, y sus zapatos blancos, al estilo bailarina, pisaban cuidadosamente el camino de tierra blanquecina bordeado por las tiendas del pueblo. En el momento en que giró la cabeza en mi dirección, actuando como si no hubiese notado la forma en que yo la miraba, sentí como si el sol brillara solo para mí.

Sarita pensó que la chica me había hechizado. Solo eso podía explicar mi obsesión. Cierto o no, la gracia con la que caminaba y los movimientos sutiles de su cabeza cuando sonreía, llenaban mis pensamientos.

Era refinada y delgada, con la cabellera negra y ondulada que le llegaba a los hombros, y una sonrisa color de rosa que detenía el tiempo. Sus ojos poseían el color de la tierra; y su mirada, la pureza de los arroyos. Era evidente que nunca había trabajado en una granja alimentando y ordeñando vacas, o cuidando las cosechas, como yo lo había hecho desde mi infancia. Más bien, me recordaba a una joya fina, que solo se usaba en ocasiones especiales.

Durante un tiempo, la admiré desde lejos, tratando de encontrar el momento adecuado para acercarme a ella. Me consolaba el recuerdo de su sonrisa grabada en mi memoria, que hacía que me imaginara la dulzura de sus labios. Sin embargo, cada semana que pasaba sentía que era más difícil mantenerme alejado.

Yo había salido con algunas mujeres en Arroyo Blanco, la mayoría mayores que yo, y me acosté con otras de cuestionable moral. Mis hermanos se reían de mí porque sabían que yo eludía a ese tipo de mujeres. Me decían que yo tenía *"estándares demasiado altos"*. Pero bueno, ¿y qué había de malo con eso?

El aura de la chica me poseyó y me llenó de determinación. Sabía que no me detendría hasta que fuera mío su corazón.

Una tarde calurosa, cuando pasó por la panadería, me llené de valor para acercarme. Por un momento, ella me miró, y noté que Mirta le dio un pequeño empujón y le dijo algo que no pude escuchar. Mirta estaba saliendo con mi amigo Billy, así que la conocí cuando fueron juntos al cine.

Madeline tenía un nombre adecuado. Julio, el más inteligente de mis hermanos, me dijo que su nombre se derivaba de Magdala, un pueblo en el mar de Galilea. En arameo, — magdala— significaba grande o magnífico, y ella era realmente magnífica.

Después de ese encuentro, entré en la panadería, compré una hogaza de pan y regresé a la granja, feliz de que la chica me hubiera notado.

Mi pueblo de Cubitas, ubicado a 30 kilómetros de Arroyo Blanco tenía un bar, un par de tiendas, y muchas granjas, razón por la que la mayoría de los hombres de mi edad preferían viajar a Arroyo Blanco. Allí me sentí un hombre completo, pero nunca tan cabal como después de conocer a Madeline.

Cada noche, a las nueve, la casa de uno de mis tíos —propietario de uno de los dos aserraderos de Arroyo Blanco— se llenaba de vecinos que venían de los alrededores para escuchar la popular telenovela de radio, *Leonardo Moncada.* Después que el programa terminaba, todos regresaban a sus casas, y un hombre a quien la gente llamaba Alfredo, el *Loco* gritaba:

—¡Hieeeeerro!

Su voz se podía escuchar por todo el pueblo, señalándole a la gente que era hora de irse a dormir.

Nunca vi la familia de Madeline en casa de mi tío. De hecho, la gente rumoreaba que su padre había sido uno de los primeros del área en poseer un radio de transistores. A mí no me importaba la posición económica de la familia de Madeline. Simplemente, la amaba.

Después de la pelea, Enrique dejó de molestarme, pero no mi madre. Ella no pensaba que Madeline era la chica correcta para mí por una razón diferente. Dijo que yo necesitaba una mujer fuerte que me ayudara a trabajar en la granja, alguien que fuera corpulenta como ella que sabía cuidar a un hombre, no una debilucha que no sabía nada de penurias.

—Esa relación nunca durará —me dijo.

Yo amaba a mi madre y entendí que quería lo mejor para sus hijos. También sabía que nada ni nadie me impediría luchar por la muchacha más hermosa de Arroyo Blanco.

Capítulo 4 – Tía Rosita

Mis padres y yo teníamos vacaciones cada año, siempre en el mismo lugar. Durante un mes, nos alojábamos en la granja de mi abuelo paterno, lo que me permitía pasar un tiempo con mis abuelos y con su hija Rosita, mi tía favorita.

Tía Rosita era la esposa de un sargento de Batista y la única tía que no podía concebir hijos. Muchas veces, mientras su esposo viajaba por su trabajo a otras provincias, ella se quedaba en casa de mis abuelos.

—Te quiero como a una hija —me decía.

Aunque no cocinaba porque mis abuelos tenían criadas, mi tía complacía todos mis deseos. Llegué a pensar que, si le hubiera pedido una estrella, ella habría encontrado una manera de traérmela.

Mi abuelo tenía un perro negro grande —que, por correr por toda la granja, estaba demasiado sucio como para que yo me le acercara— que lo seguía a dondequiera que él iba. Cuando visitaba la granja del abuelo, a veces Sultán venía corriendo hacia mí. Yo retrocedía y lo miraba como si no quisiera que se acercara. Sultán bajaba la cabeza y se alejaba. Sin embargo, Tía Rosita, con su carácter jovial, jugaba a la pelota con él desde el portal, observándolo correr tras la pelota y luego devolvérsela llena de tierra y baba. Tal vez esa actitud juvenil de tía Rosita causara que me tratara como a alguien de su edad y no de la manera condescendiente con que lo hacían los otros adultos. A pesar de nuestra cercanía, al principio no le conté sobre mi admirador, ni de la carta que me había enviado con Mirta dos semanas después de que me hablara por primera vez, lo que me dibujó una sonrisa a la cara.

Capítulo 5 - Mis Quince

A medida que se acercaba el día de la fiesta de mis quince —día que marcaba el paso de la infancia a la adultez—, mi emoción aumentaba. Como muchas chicas del pueblo, yo había esperado este momento desde mis primeros años de infancia. La planificación de mi fiesta ocupó la mayoría de las conversaciones entre mis padres durante los dos años previos a la celebración. Sin embargo, recientemente, nadie parecía más feliz por este evento que Nancy, mi hermanita de cinco años.

Desde el día del nacimiento de Nancy, yo me acerqué mucho a ella. Cuando era una bebé, le cambié los pañales, la bañé y le leí libros. A medida que crecía, le gustaba que le cantara melodías infantiles o que me quedara a su lado cuando estaba demasiado asustada para dormirse.

A veces Nancy temía que un fantasma entrara en nuestra habitación en medio de la madrugada y se la llevara. Nunca entendí qué hacía que se sintiera así. Mamá me dijo que había nacido con una conciencia elevada sobre su entorno y que podía ver los espíritus de los muertos, algo que yo no comprendía. Nancy personificaba al amor y a la bondad. A los tres años, comenzó a recoger flores del jardín para traerlas a mi madre y a mí. Un día, mientras la mecía en un sillón del portal y le leía un cuento, colocó sus brazos alrededor de mi cuello y me miró a los ojos.

—Madeline, ¿puedes ser mi mami? —me preguntó.

La ternura con la que dijo estas palabras hizo que mis ojos brillaran y que nos acercáramos aún más, creando un vínculo que nadie podría destruir.

Los ojos del color de avellanas de mi hermanita se agrandaban cada vez que la costurera venía a nuestra casa; primero para tomar mis medidas para mi vestido de cumpleaños, y luego, para los ajustes. Nancy bailaba frente al espejo, actuando como si llevara un vestido largo. A pesar de las vueltas que dieron nuestras vidas después de ese día, la sonrisa inocente de aquella niña siempre permaneció conmigo.

Para la celebración, mi madre compiló una lista selecta de invitados que incluía a los jefes de mi padre, sus familias y a personas influyentes de Arroyo Blanco. Hasta el alcalde del pueblo fue invitado. Cuando mamá escuchó a Mirta decirme que había invitado a Willy, dijo en un modo firme:

—Solo las personas que invité vendrán a esta fiesta. ¿Entendido?

Capítulo 5 - Mis Quince

Mi amiga asintió con la cabeza y se disculpó. Mamá entonces comenzó a interrogarla. Un largo interrogatorio que concluyó con el mandato firme de mi madre para que me alejara de él. Avergonzada, Mirta le retiró la invitación.

La lista de invitados de mamá incluía al hijo adolescente del adinerado dueño de un rancho. Ella estaba ansiosa de que nos conociésemos durante mi fiesta. Aunque él no era el más perfecto de los hombres del pueblo, basado en las normas rígidas de mi madre, ella me dijo que al menos era uno de los pocos hombres en Arroyo Blanco con quien me permitiría casarme. Mi padre le pidió que dejara de buscarme marido.

—Ella todavía es una niña —le dijo mi padre.

Mamá se cruzó de brazos y le dio una mirada fija e intensa. Sabía entonces que nada la detendría. Ella le debe haber contado a una amiga sobre sus planes de encontrarme un marido y el remolino de rumores de nuestro pueblo debe haber hecho el resto porque, de alguna manera, Willy se enteró.

El día antes del gran evento, mamá y una de mis tías pasaron horas decorando nuestra casa, prestando atención a cada detalle, desde el mantel blanco que cubría la mesa del comedor, hasta las guirnaldas esparcidas por toda la casa. Nuestra casa se veía hermosa, aunque, no era nuestra. Pertenecía a la compañía *Macareño Industrial Company*, y como todas las propiedades de esta empresa, estaba pintada de gris, con las puertas y los marcos de las ventanas, verdes. Se encontraba en la cima de una pequeña colina, lo que le permitía ser vista desde varios kilómetros de distancia, pero nunca se vio tan vibrante como el día de mi decimoquinto cumpleaños.

El día de la celebración, mientras la casa estaba llena de invitados y yo hablaba con una de las amigas de mi madre, Mirta se me acercó y con sus ojos me pidió que la siguiera. Me disculpé y fuimos a una esquina del comedor. Me miró sin decir una palabra, y la interrogué con la mirada. Luego, escaneó nuestro entorno y me susurró al oído:

—¡Willy ha estado pasando por la casa en su todoterreno!

Mis ojos se engrandecieron.

—¡Dios mío! ¡Mi madre lo va a matar!

Caminé hacia el frente de la casa, mientras nuestros invitados —que ocupaban la sala y el portal— hablaban y disfrutaban de la celebración.

En el camino, las mujeres admiraban mi atuendo, lo que me obligó a detenerme varias veces para escuchar sus comentarios. Mi abuela materna también se acercó a mí, tomó mi mano entre la suya, y me dio una mirada tierna.

—Me haces sentir tan orgullosa. ¡Mírate! Mi princesa. Mi hermosa chica ya ha crecido.

Sonreí y le di un abrazo.

—Gracias, abuela.

Entonces escuché la voz de mi madre llamándola. Cuando se fue de mi lado, otra mujer se me acercó y comenzó a examinar mi vestido largo color champán, adornado con perlas, cuentas y aplicaciones de encaje.

—¡Exquisito! —la mujer dijo.

Las dos estábamos paradas entre el portal y la sala. Mientras continuaba elogiando mi vestido, por mi visión periférica noté un *Jeep* acercándose muy lentamente a nuestra casa, y luego, pasando delante del portal. Seguí tratando de dividir mi atención entre el *Jeep* y la mujer, cuando lo vi en el asiento del conductor. Mientras la mujer analizaba cada detalle de mi vestido, mi mirada se encontró con la de él. Se distrajo tanto que no se dio cuenta de que se había desviado del camino y manejaba sobre la hierba. Me cubrí la boca con la mano y mis ojos se agrandaron. En ese momento se dio cuenta de que algo andaba mal, y sus ojos se enfocaron en el camino justamente antes de que chocara con un árbol. Una bola de polvo se levantó en el aire cuando apretó los frenos, haciendo que los invitados miraran en su dirección. Mis manos se humedecieron. Miré ansiosamente a mi alrededor, buscando a mis padres. No podía verlos, pero sentí que debía alejarme del portal y entrar a la casa. Luego de asegurarme de que Willy estuviera bien, me disculpé y me apresuré adentro, actuando como si nada hubiera pasado.

Mi fiesta duró toda la tarde.

—¡Un evento exitoso! —Mirta escuchó a la gente decir.

Luego mi vida continuó, aburrida y simple, pero ahora con una luz de esperanza de que las cosas pronto cambiarían. Mi madre más tarde se enteraría de que *"alguien"* que coincidía con la descripción de Willy casi se había estrellado contra un árbol y me preguntaría sobre el incidente. Por primera vez en mi vida, mentí:

—No sé de qué estás hablando —le dije.

Me miró durante mucho tiempo, esperando que confesara.

—No me busques, Madeline, que me vas a encontrar —me dijo. Miré hacia abajo y pedí que me excusara, sintiendo que la relación entre mi madre y yo nunca cambiaría.

Mi hermana no tardó mucho en ver el lado negativo de mi madre y la forma en que a veces me trataba, desde los gritos hasta los dolorosos pellizcos. Esto provocó en ella la necesidad de protegerme. Una tarde, cuando regresé a casa media hora tarde, encontré a mi hermanita esperándome en el portal.

—¡Defiéndete, Madi! —me dijo Nancy tomándome las manos—. ¡Mamá te está esperando y está muy brava! ¡Defiéndete!

La manera cariñosa en que me decía: *"Defiéndete"*, siendo tan pequeña como era, me llegó al corazón y prometí que siempre la protegería.

Capítulo 6 – La reunión

Mirándome al espejo de mi habitación, decidí que mis años de infancia habían quedado atrás, por lo que necesitaba actuar más como una adulta. Con el fin de alejarme un poco de los ojos vigilantes de mi madre, me ofrecí para recoger las cartas de la oficina de correos todos los días, acompañada de Mirta. Esto me permitió tener encuentros casuales con Willy, en los que intercambiábamos algunas palabras, pero nada más, ya que teníamos que regirnos por los estándares comunes de decencia, los cuales prescribían mi comportamiento. Las chicas decentes solo podían amar desde la distancia.

Cuando las conversaciones públicas ya no eran suficientes, Willy habló con Mirta para que facilitara una reunión privada conmigo. Con ese objetivo, ella me invitó a la fiesta de cumpleaños de su primo. Debido a que la invitación estaba dirigida solamente a mí, mis padres asumieron que no estaban invitados. Al principio, mi madre no quería que fuera, pero mi padre la convenció de que yo era una joven responsable. Mi madre me permitió asistir solo después de que Mirta le prometiera no irse de mi lado por un solo momento. Esa noche, en cuanto llegamos a la casa de ella, Willy, quien me había estado esperando escondido en un costado, vino a saludarnos. Mirta me dio una mirada traviesa. Momentos más tarde, ella se excusó y entró a la casa para saludar a un grupo de parientes que habían llegado unos minutos antes.

Por primera vez, nos encontramos solos. El resplandor de la luna, y la luz amarillenta que se filtraba a través de las persianas, iluminaban el portal. En los pueblos rurales, pocas personas tenían electricidad. Los que la tenían, como los padres de Mirta y los míos, utilizaban generadores domésticos. Así que, a excepción del puñado de casas iluminadas esparcidas en la distancia, la oscuridad reinaba.

—Cuando pasaste por mi casa el otro día, me asustaste mucho —le dije.

Permaneció en silencio al principio, su mirada intensa vagando sobre mí. Miré hacia abajo, centrándome en mi vestido color de rosa con su falda vaporosa.

—Eres tan hermosa —dijo.

Sonreí y le di las gracias, evadiendo sus ojos. Podía oler su colonia con aroma de almizcle y la brillantina que se había untado en la cabeza que hacía que su pelo negro brillara como un azabache. A través de mi visión periférica, noté sus manos fuertes y la camisa de manga larga que lo hacía parecer más guapo de lo que recordaba.

Al acariciar mi brazo, una brisa que olía a tierra y a árboles frutales envolvió nuestros cuerpos, y por un momento, me di cuenta de la suerte que teníamos de vivir en este lugar, tan tranquilo, pero tan repleto de vida.

—Siento no haber podido ir a tu fiesta —dijo.

Metió la mano en el bolsillo de su camisa.

—Te traje un regalo de cumpleaños —dijo y me entregó un pedazo de papel doblado.

—¿Qué es?

—Es algo que te escribí, mi primer poema, así que, por favor, no te rías.

Desdoblé el papel y lo leí en silencio, bajo el resplandor que escapaba de la ventana.

A Madeline

Si el amor que tengo por ti
podría expresarse en un porcentaje
sin duda, yo le daría
un cien por ciento.

Tal vez otros darían menos
Dejando un poco de amor para otra,
no yo, eres toda mi vida,
y como tú, no hay otra.

Sofoqué una risa. Era el peor poema que había leído, pero después de ver cómo me miraba, su ansiedad cuando me preguntó qué pensaba de él, no pude revelar mis pensamientos.

—Es hermoso —dije—. Es el gesto más bonito que alguien ha hecho por mí.

—Te lo mereces —dijo.

Me dio una sonrisa de satisfacción que lo hizo parecer menos intimidante, así que le sonreí. Luego se inclinó más cerca de mí.

—Madeline, siento haberte encontrado de esta manera. Eres una joven decente y no pretendo ninguna falta de respeto. Sabes que me he enamorado de ti, y si sientes lo mismo por mí, me gustaría reunirme con tu padre y pedirle permiso para visitarte en casa.

El tono tranquilo de su voz transmitía sinceridad.

—Creo que tenemos que esperar. Además, mi padre es muy protector conmigo, y no sé cómo reaccionaría.

—No le tengo miedo a él ni a nadie —dijo.

—¿Qué edad tienes?

—Diecinueve, señorita. ¿Crees que soy demasiado viejo?

— No. Encuentro a los muchachos de mi edad muy infantiles.

—Actúas más madura que las jovencitas de tu edad.

—Gracias.

—Entonces, si no puedo visitar tu casa, ¿cómo llegamos a conocernos? ¿Te gustaría ser mi novia?

—Creo que sí —dije con un ligero enco-
gimiento de hombros.

—En ese caso, ¿por qué no me dejas
hablar con tu padre?

—Necesito más tiempo —dije sintiéndome aterrorizada.

Nunca había salido con nadie. No entendía lo que se suponía que debían hacer las
novias, ni cómo debían actuar. Había leído
docenas de historias de amor de Corín Tellado, pero una cosa era leer sobre parejas ena-
moradas, y otra muy diferente experimentar-
lo.

De repente, la puerta de entrada se
abrió, y Mirta salió llevando dos platos, cada
uno con un pedazo de *cake*. Nos los entregó sin
decir una palabra. Antes de volver a entrar,
me miró y se sonrió.

Ambos lo comimos en silencio, mientras
él parecía intrigado por la forma en que me lo
comía. Su textura y sabor me hicieron pensar
en los comentarios de mi madre el día de mi
fiesta. Le dijo a mi padre que el mío había sido el mejor que había probado. Este parecía
ser del mismo calibre, dos capas de cielo hu-
medecido, dividido por una capa de natilla y
piña, una delicia para los sentidos. Me preguntaba si el placer reflejado en mi rostro
mientras comía le hizo mirarme con tanta intensidad.

El dulce no duró mucho. Colocamos los
platos vacíos en una pequeña mesa y hablamos un rato más. Durante un breve silencio,
se acercó y tomó mi mano colocándola dentro

de las suyas. Podía sentir la rugosidad del trabajo duro en su piel, y su toque envió una sensación de hormigueo por todo mi cuerpo.

—Tengo que irme —dije, recuperando mi mano.

—¿Cuándo puedo volver a verte?

—No lo sé.

Nos quedamos en silencio de nuevo, de pie uno frente al otro, mis ojos centrándose en mis zapatos y en los suyos.

No esperaba lo que pasó después. Se acercó a mí, colocó sus brazos a mi alrededor, y me dio un beso suave en las mejillas. Lo dejé al principio, pero luego di un paso atrás. Yo estaba tan asustada por la forma en que su beso me hizo sentir, que me apresuré hacia la puerta principal sin mirarlo y anuncié:

—Mirta, ¿puedes acompañarme a casa? Es tarde.

Me quedé junto a la puerta medio abierta y me froté la cara con las manos, como si al hacerlo, borrara cualquier evidencia del beso.

—¿Le ofendí, señorita? —preguntó.

Hice un gesto negativo con la cabeza y con mi dedo índice en mis labios le pedí que se callara.

—Me gustaría verte de nuevo, y por favor, piensa en dejarme hablar con tu padre.

Podía sentir mi cuerpo temblando.

—¡Tengo que irme! Por favor, vete —dije y entré a la casa a buscar a Mirta.

Todavía estremecida por el beso, encontré a Mirta en el comedor. Entablaba una conversación animada con el resto de su familia. La miré con miedo en mis ojos, pero no dije nada.

Su madre me saludó y me pidió que me uniera a los demás en el largo comedor, pero yo me quedé allí parada, mirando a Mirta.

—¿Quieres volver a casa? —Mirta preguntó.

Asentí con la cabeza. Como si se diera cuenta de mi expresión, se sonrió y le dijo a su familia que regresaría enseguida.

—¿Y qué hacías afuera? —su madre me preguntó.

—Mamá, ya sabes lo tímida que es Madeline. Además, no se sentía muy bien y necesitaba un poco de aire fresco.

La madre de Mirta apretó los labios y le dio a su hija una mirada incrédula.

Cuando volvimos al portal, Willy se había marchado.

—¿Qué pasó? —preguntó mientras caminábamos por el camino de tierra, levantando polvo con nuestros zapatos.

—Estoy tan nerviosa. ¡Dios mío! ¿Qué pasa si mi madre se entera, o peor aún, mi padre?

—¿Qué hizo?

—¡Me besó!

Ella se sonrió.

—¡Tu primer beso! ¡Dios mío! ¡Qué bien...! ¿Te gustó?

—Dije que no quería hablar de eso.

Ella se sonrió de nuevo, como si interpretara mis pensamientos.

Capítulo 6 – La reunión

—¡Sí, te gustó! Te conozco muy bien. Temiendo que se burlara de mí si supiera que el beso fue solo en le mejilla, no aclaré dónde me había besado.

Después de que le conté sobre mi negativa a dejarle hablar con mi padre, ella comenzó a pensar en mil maneras en que él y yo pudiéramos volver a encontrarnos a escondidas de mis padres.

Capítulo 7 – Sr. Avellaneda

—¡Estoy tan emocionada! Mi hijo viene a pasar la Nochebuena conmigo —dijo Ana Cañizares, dueña de la peluquería y ex esposa de un alto funcionario del gobierno, mientras me quitaba los rolos.

Era la primera semana de diciembre, tres meses después de mi decimoquinto cumpleaños. Tía Rita esperaba por mí en el área de recepción, mientras leía una revista de modas.

—Está buscando una esposa, ¿sabes? —añadió Ana mientras peinaba mi cabello y miraba a nuestro reflejo en el espejo—. Quiere casarse con una buena chica, como tú... Como sabes, no hay muchas de dónde escoger en este pequeño pueblo.

Escuché por un momento, pero luego mi mente se fue lejos. La veía moviendo los labios en un monólogo sin fin, que ya no podía escuchar. Entonces viajé al portal de la casa de Mirta, a la noche en que Willy me besó. De pronto, sentí la mano de Ana en mi hombro.

Capítulo 7 – Sr. Avellaneda

—¿Oíste mi pregunta?

—Ay, lo siento —dije. —Por favor, ¿me la puede repetir?

—Ah, no es nada importante. Solo sé que, si ves a mi hijo, te enamorarás de él. Ha cambiado mucho. Es muy bien parecido, y no es porque sea mi hijo.

Terminó de arreglarme el cabello, y antes de irme, me besó en la mejilla.

—Tal vez pasemos por tu casa este fin de semana —dijo—. Ha pasado mucho tiempo desde mi última visita a casa de tus padres. Es que no doy abasto.

Sonreí, pagué por sus servicios, y me fui con mi tía Rita.

Dos días después, la voz de alguien que se acercaba a la casa interrumpió mi lectura. Me levanté del sillón de la sala. La puerta de la entrada estaba abierta, y en la distancia, noté una cara familiar acompañada de alguien que no conocía.

Me apresuré al portal para saludar a Ana y al joven que la acompañaba, mientras mi saya voluminosa de muselina blanca bailaba al paso de mi andar.

Al llegar, Ana me presentó al joven alto y bien vestido. Le extendí la mano, y él se la llevó a los labios, mientras me miraba con una intensidad incómoda.

—Es un placer conocerte, Madeline. Mi madre siempre me habla de ti, y ahora puedo ver por qué.

Después de responder con una sonrisa, recuperé mi mano. Pensé en lo que Ana había dicho en el salón. Era realmente atractivo, pero no mi tipo.

—Por favor, entren y tomen asiento donde lo deseen. Voy por mi mamá. Enseguida regreso.

Madre e hijo entraron a nuestra sala y cada uno se sentó en un sillón mientras me dirigía a la cocina.

Más tarde, cuando Mamá y Ana conversaban en la sala, a sugerencia de Ana, su hijo y yo salimos al portal. Mantuve la puerta abierta y me senté en un sillón de manera que mi madre me pudiera ver desde adentro de la casa.

Luis Avellaneda, el hijo de Ana, explicó que había llegado de La Habana el día anterior. Me dijo que planeaba estar en Arroyo Blanco durante sus vacaciones, y luego regresar a la capital. Quería seguir los pasos de su padre y unirse a las fuerzas militares de Batista.

—Quiero darle una buena vida a mi futura esposa. Con la posición de mi padre en el gobierno y sus conexiones, no me resultará difícil ascender en rango en corto tiempo.

No dije nada. El matrimonio era lo último en mi mente, pero Luis seguía mirándome fijamente.

—¿Tienes novio? —preguntó.

Sonreí, pero no podía decirle la verdad.

—No, señor Avellaneda. No tengo novio.

—Me sorprende —dijo—. Eres una de las muchachas más hermosas que he conocido.

—Es usted muy amable. Es que mi padre es muy estricto. Paso la mayor parte de mi tiempo aquí en casa, leyendo.

—¿Qué te gusta leer?

—Principalmente novelas románticas. ¿Le gusta leer?

—Sí, pero prefiero libros sobre historia, política y de estrategia militar.

—No me gusta la política ni nada que tenga que ver con estrategia miliar —dije, sintiéndome un poco aburrida.

—Bueno, por supuesto. Después de todo, el papel de la mujer es ser una buena esposa y madre, y dejar que su marido se preocupe por ese tipo de cosas.

No respondí. Aunque mis padres me habían explicado las diferentes funciones de hombres y mujeres —los hombres como proveedores y las mujeres como amas de casa y madres— sus palabras me molestaban, y estaba ansiosa de que se terminara la visita. Por un momento durante nuestra conversación, me encontré pensando en Willy y en el beso que me llevó a las nubes.

Traté de ocultar mi expresión de alivio cuando mi madre interrumpió nuestra conversación y nos entregó a cada uno, una pequeña taza de café humeante. Lo tomamos y le devolvimos las tazas vacías.

—Delicioso —dijo Luis—. Nada se compara con el café de Arroyo Blanco.

La cafeína facilitó que me pudiese concentrar en nuestra conversación. Luis me habló de su vida en La Habana. No había estado

44

allí antes, y no podía imaginarme en un lugar donde la gente viviera tan cerca el uno del otro, un lugar donde los gallos no me despertaran por la mañana, o donde los árboles de mango no crecieran en mi patio.

Me contó sobre sus intenciones de casarse con una chica de Arroyo Blanco.

—¿Alguna razón en particular, señor Avellaneda?

—Los campos de Cuba son buenos para el espíritu. Purifican el alma.

—¿Está diciendo que las chicas de La Habana no son tan puras?

Sonrió.

—No estoy diciendo eso. Son diferentes, una diferencia que no puedo describir, pero puedo sentir.

Levanté las cejas.

—Sr. Avellaneda, espero que algún día encuentre la persona adecuada.

Nos quedamos en silencio por un momento. Volví la cabeza hacia el jardín, deseando poder ver a Willy conduciendo su *Jeep*.

—¿Vas a ir a la fiesta de Año Nuevo en el club? —preguntó.

—Vamos todos los años.

—Estaré allí. Me encantaría que bailaras conmigo.

Noté el resplandor del entusiasmo en sus ojos.

—No soy muy bailadora. Mi amiga Mirta me ha enseñado unos pasos, pero a mi madre no le gusta verme bailar.

—¿Quieres que hable con ella? — preguntó.

—No. No es necesario. Prefiero mantener las cosas como están.

Asintió con la cabeza.

—Como desees, pero no me rendiré tan fácilmente.

La visita no duró mucho más. Sin embargo, después de que el señor Avellaneda y su madre se fueron, mamá no perdió el tiempo.

—El Sr. Avellaneda parece un joven muy agradable, y de una buena familia —dijo.

Me encogí de hombros.

—¿No te gusta?

—Quiere una esposa, y yo no estoy lista para ser la esposa de nadie. Solo tengo quince años.

—Hay muchas chicas de tu edad que ya están casadas. No es inusual en el país. Los hombres como el Sr. Avellaneda son difíciles de encontrar. Su padre está muy bien conectado.

—No me interesa, mamá. ¿Podemos hablar de otra cosa?

—Su madre me preguntó si su hijo podía bailar contigo en la fiesta de fin de año, y yo dije que sí. Debes lucir hermosa esa noche y tratarlo con la amabilidad y el respeto que se merece.

—¿No dijiste que las chicas decentes no bailaban?

—Madeline, deja de malinterpretar todo lo que te digo. Esto es diferente. Le pediré a

46

Adela que termine tu vestido de fiestas de inmediato. ¡Por favor, dale una oportunidad a ese joven! No respondí. Como siempre, internalicé mis pensamientos, por miedo a sus pellizcos y a sus gritos. Adela, la costurera que mi madre contrató para hacer nuestros vestidos, me había visto crecer. Adela tenía casi treinta años, y un cabello copioso y negro que sostenía en un rabo de mula. Su madre, también costurera, había muerto cuando ella tenía quince años. Le enseñó a su hija todo lo que sabía sobre la costura, lo que le permitió a Adela hacerse cargo de sus clientes.

Adela me trataba como a una hermana menor. Cuando Mirta le dijo que necesitaba una manera para que Willy y yo intercambiáramos cartas, ella se ofreció a ser el portador.

Mirta no quería traicionar a mi madre. Creo que le temía. Además, Willy y yo ya no podíamos vernos en casa de Mirta. Su madre era amiga de la mía y nos había visto hablando la noche de la celebración del cumpleaños. Ella reprendió a su hija por facilitar nuestra reunión y juró decírselo a mi madre si sucedía de nuevo.

Cada vez que Adela me traía una carta de Willy, me escondía en mi habitación para leerla. Las disfrutaba tanto como mis novelas de Corín Tellado, y con cada una, me volvía más inquieta. En sus cartas, él profesaba su amor por mí, y me dijo que ese amor a veces no le permitía conciliar el sueño. La manera en que describió a su familia, tan grande y unida, me hizo querer ser parte de ella.

En una de sus cartas, después de que Willy se enteró de mi encuentro con el Sr. Avellaneda, amenazó con arruinar la celebración de Año Nuevo en el club. Le aseguré que no tenía nada de qué preocuparse y le rogué que se mantuviese alejado.

Capítulo 8 – Fiesta de Fin de Año

A medida que se acercaba el fin del año 1955, los preparativos en la casa *club* estaban en pleno apogeo. Mientras me preocupaba por mi cabello y mi atuendo de fiestas, las semillas de la revolución germinaban dentro de Cuba y en el extranjero. La llegada del año 1956 provocaría cambios que acelerarían el ritmo de los esfuerzos revolucionarios.

Apenas era una adolescente, ignorante de la política, y en muchos sentidos, ignorante de la vida. Así que, ahí estaba yo, el día de la fiesta de Año Nuevo, parada frente al espejo. Cuando Nancy entró en la habitación, puso sus manitos sobre su boca. Corrió hacia mí y abrazó mis piernas.

—¡Te ves tan bonita! —dijo.

Yo llevaba una blusa de terciopelo negro con mangas largas, incrustada con varias hileras de brillanticos en la parte delantera. Mi falda de tafetán era negra con líneas de plata decorativas y tenía debajo varias capas de sayuelas que llegaban hasta mis rodillas.

Otro año estaba terminando y me sentía feliz. Deseaba crecer y dejar atrás el firme el control que mi madre ejercía sobre mí. Me asfixiaba, pero me di cuenta de que cuando llegara el día de irme de casa, extrañaría mucho a mi padre y a mi hermana.

Mi padre nos llevó a la fiesta en su *Jeep*. Nos veíamos como la familia perfecta cuando entramos en el club: mi padre con su elegante guayabera, y nosotras con nuestros vestidos hechos a la medida y peinados impecables. Se escuchaba música mientras las conversaciones, el baile y el vino animaban la noche.

El Sr. Avellaneda se acercó entusiasmado y después de intercambiar saludos con mis padres, les pidió permiso para bailar conmigo.

—Gracias, pero no bailo —le dije.

—Te vi bailar frente al espejo el otro día —dijo Nancy con una voz inocente.

—Ve a bailar con el señor Avellaneda —me pidió mi madre.

—Cuide bien de mi hija —dijo mi padre.

Miré a papá con ojos suplicantes. En ese momento, el joven me tomó de la mano.

—Señorita, ¿me podría conceder esta pieza?

Permití que me acompañara a la pista de baile, mientras se escuchan los acordes de la canción "Bonito y Sabroso" en la voz de Benny Moré.

Luego de dejar a mi hermana al cuidado de una de mis tías, mis padres comenzaron a bailar a nuestro lado. Tenerlos cerca me hizo sentir mejor.

Durante nuestro primer baile, mi pareja de baile me hizo muchas preguntas sobre el tipo de música que me gustaba y me habló de sus planes. Para ser cortés, yo sonreía de vez en cuando, todo el tiempo pensando en mi novio, preguntándome qué pasaría si él viniera a la fiesta y me viera bailando. A medida que avanzaba la noche, alternamos entre bailes y breves pausas para conversar, hasta la medianoche, cuando todos recibimos el Año Nuevo con un brindis. Al final de la noche, me preguntó si podía hablar con mis padres pues deseaba ser mi novio.

—Sr. Avellaneda, no estoy interesada en usted de esa manera. Existe alguien que es dueño de mi corazón, y cuando llegue el momento apropiado, hablará con mi padre.

Me miró con confusión.

—Pensé que le gustaba —dijo.

—Como amigo, sí. Usted es un buen hombre, y sé que algún día encontrará a la chica adecuada, pero esa no soy yo. Creo que ha malinterpretado mis intenciones.

A juzgar por la decepción reflejada en sus ojos, me di cuenta de que le había arruinado su noche.

—Lo siento, señorita. Si alguna vez cambia de opinión, le agradecería que me diera una oportunidad.

—Lo mantendré en cuenta. Buenas noches.

Me acompañó hasta donde estaban mis padres, quienes ya habían dejado de bailar, y

les explicó que se había producido un acontecimiento imprevisto que requería su atención.
Esa fue la última vez que lo vi.

Más tarde, Mirta me diría que cuando
Willy supo que el señor Avellaneda había bai-
lado conmigo en la fiesta, habló con él para
asegurarse de que no lo volviera a hacer. Sin
saberlo, le inspiró miedo. Él no era un hombre violento, pero todos conocían a sus ocho
hermanos y sabían ellos harían cualquier cosa si alguien trataba de lastimar a su familia.

Capítulo 9 – La visita

La feria anual llegó al estadio de béisbol como lo hacía cada año, durante el mes de julio, cerca de la celebración del Carnaval de San Juan, cuando el estadio se vestía de risas y colores vibrantes durante dos semanas.

Era un tiempo de mucha actividad en el Puerto de Guayabal, situado a más de 40 kilómetros de distancia. Con tanto trabajo en el puerto, mi padre, mis hermanos y yo no teníamos tiempo suficiente para cuidar del ganado.

A pesar de lo ocupado que yo estaba, me era preciso hacer tiempo para la chica de la que me había enamorado. Habíamos estado comunicándonos durante varios meses a través de cartas y encuentros casuales que siempre incluían a su amiga, pero este día, yo estaba decidido a hablar con ella a solas.

No sabía si mi plan funcionaría, pero por si acaso, para impresionarla, llevaba mi mejor atuendo, un par de pantalones azul oscuro y una camisa blanca de manga larga.

El pueblo palpitaba al sonido de una vitrola conectada a un altavoz que reproducía música popular, mientras que su operador, repetidamente, le daba vueltas a una manigueta. Luego de que una de las canciones terminara, el operador anunció con una voz suave:

—Y ahora, *"Angustia"* para los angustiados.

Comenzó entonces a tocar una canción romántica, una de las favoritas de Madeline, según sus cartas.

La gente hacía cola para montar los caballitos, el carrusel, las sillas voladoras y una docena de otros aparatos.

Mientras *"Angustia"* sonaba, busqué a Madeline, ansioso, desesperado por verla. Un par de mis amigos pasaron y me saludaron. No quería parecer grosero, pero mantuve las conversaciones breves, por lo que se mostraron sorprendidos.

—Tengo prisa. Hablaré con ustedes mañana —les dije.

Seguí buscándola en la multitud hasta que la vi. Mi cara se iluminó. Allí estaba, haciendo fila con sus amigas para montar la estrella. No vi a sus padres ni a su hermana, por lo que asumí que estaban montando otro aparato. Como de costumbre, Mirta se encontraba a su lado, hablando con ella sobre algo que hizo reír a Madeline. Me acerqué a ellas, tratando de llamar la atención de Mirta, y observando a Madeline, tan hermosa como siempre, bajo el resplandor de luces de colores. Por un momento, Mirta volvió la cabeza hacia mí. Con un gesto de mi mano, le pedí que me siguiera. Así lo hizo, y hablamos detrás del estante en que vendían palomitas de maíz.

—Por favor, ayúdame— le dije. Necesito hablar con ella a solas.

A juzgar por la forma en que se echó a reír, mi desesperación parecía divertirla.

—No te preocupes. Veré qué puedo hacer.

Cuando se reincorporó al grupo, susurró algo en el oído de Madeline, mientras me mantenía a pocos metros de distancia. Entonces intercambiamos miradas.

Al llegar su turno, Mirta me indicó con su dedo índice que me acercara y me concedió su lugar en la fila. Al verme, las otras chicas del grupo se rieron con picardía. Minutos más tarde, Madeline y yo nos encontramos solos por encima de la multitud. Miramos hacia abajo y observamos a las familias jugando al azar en los bazares y comprando palomitas de maíz y refrescos.

Sentada a mi lado, Madeline me dio una mirada tímida y enseguida evadió mis ojos. Le busqué la mano y la sostuve dentro de la mía. Estaba helada.

—Te extrañé —dije.

—Yo a ti también.

Enmarqué su rostro con mis manos y besé su mejilla. Fue entonces que ella comenzó a llorar.

—¿Qué pasa Madi? ¿Por qué lloras?

—Esto no funcionará.

—¿Por qué?

—Mis padres nunca lo permitirán. No puedo hablar con mamá. Le tengo miedo. No sé qué hacer.

—Madi, mi ángel —dije acariciando sus manos—. Todo estará bien. Yo me encargaré de todo. Tienes que ser paciente, como yo. Esperaré el tiempo que sea necesario.

Ella tomó su pañuelo del bolso y se enjugó las lágrimas. Olía a jazmines, un aroma que se quedó conmigo mucho después de esa noche.

—Hablaré con tu padre.

—Tienes que esperar. Papá no está listo.

—Tendrá que entender que nos amamos. No soporto verte llorar.

—Espera un poco más por favor.

Insistí, pero como ella no se dio por vencida, cambié de tema y comencé a hacerle preguntas sobre sus gustos y aversiones. Podía sentirla cada vez más cómoda a medida que le hablaba, hasta que ya no tenía que hacerle preguntas porque ella misma comenzó un monólogo sobre su hermana y sus padres. Podría haberla escuchado para siempre. Después de que terminó, le conté algunos chistes. Carcajeó, incluso de los malos.

Nuestra conversación reforzó mi determinación de no permitir que nadie se interpusiera entre nosotros.

Al día siguiente, después del almuerzo, le conté a mi padre sobre mis planes. Me miró, pero no dijo nada y se fue a trabajar. Momentos después, mientras preparaba el *Jeep*, oí la voz de mi madre.

Capítulo 9 – La visita

— Tu padre acaba de decirme lo que vas a hacer. ¿Has perdido el juicio?

—¿Por qué lo dices mi vieja?

—No sabes cómo reaccionará su padre. Todo el mundo sabe que tiene un arma de fuego. ¿Y si te hace algo? Por favor, quédate. Con todas las chicas bonitas del pueblo, ¿Por qué tienes que elegirla a ella?

Sonreí y la besé en la mejilla.

—Te quiero, mi viejita. Todo va a salir bien. Te lo prometo.

Me senté en el asiento del conductor y cerré la puerta, mientras ella me miraba con los ojos suplicantes.

—Te lo ruego —dijo.

—Nos vemos más tarde. No tienes por qué preocuparte.

La dejé de pie en un costado de la casa y me fui.

Para tratar de impresionar a su padre, yo llevaba los mismos pantalones de la noche anterior y una camisa blanca de manga larga.

Cuando llegué, me estacioné frente a su casa. Ella estaba sentada en el portal. En el momento en que me vio, corrió hacia adentro sin decir una palabra. Tal vez pensó que no me atrevería a enfrentarme a su padre por lo que no esperaba mi visita.

La puerta de la casa había quedado de par en par.

—¡Buenos tardes! —dije y esperé junto a la puerta.

Momentos más tarde, salió el padre abotonándose la camisa.

Capítulo 9 – La visita

—Buenas tardes —dijo y me miró con curiosidad.

—Buenas tardes, señor. Perdone que lo moleste. Mi nombre es Willy Montes, y estoy aquí para hablarle de su hija.

—¿Qué tiene usted que ver con mi hija? —preguntó con un tono de voz severo, mirándome despectivamente.

—Me gustaría visitarla, señor —le dije.

Sus ojos se agrandaron de asombro.

—¿*Mi* hija?

—Madeline, señor. Estoy enamorado de ella. Quiero asegurarle que tengo buenas intenciones. Ella es una muchacha decente, y no me gustaría verla fuera de su casa. Lo último que quiero es faltarle el respeto, señor.

—¿*Mi* hija? ¿Te das cuenta de que es solo una chiquilla?

—Ella me ama y aceptó ser mi novia, señor.

El padre de Madeline, el Sr. Rodríguez, comenzó a hablar con las manos.

—Mi hija no sabe lo que quiere, ¡y usted tampoco! —hizo una pausa, dio un paso adelante y apuntó hacia mí con su dedo índice. —¡Fuera! Nunca más lo quiero ver en esta casa. ¿Me oye?

—Me iré, señor. Esta es su casa y le debo mi respeto, pero nada cambiará lo que siento por Madeline.

—¡Fuera!

Nunca anticipé la reacción del señor Rodríguez, ni entendía por qué Madeline se había ido corriendo, sin decirme nada.

58

Capítulo 9 – La visita

Luego me enteré por Mirta que no le dijo mucho a su hija sobre mi visita, aparte de:

—No te preocupes. Yo me encargaré de todo.

La madre, por otro lado, se pasó el resto de la tarde gritando, con los brazos sobre la cabeza, como si el mundo estuviera llegando a su fin.

Después este encuentro, no la vi por varios días. Supe por Mirta que sus padres de la habían enviado a la casa de sus abuelos para alejarla de mí.

Su abuelo era un rico terrateniente que tenía extensos campos de guayaba, caña de azúcar, coco, papas y cualquier otro cultivo que pudiera crecer en su tierra fértil. Castro y sus rebeldes llamaban a las personas como él 'latifundistas'. Él representaba el tipo de personas a la que se oponía su revolución, tal vez por celos, o porque los revolucionarios pensaban que aquellos que habían alcanzado ese nivel de riqueza habían robado a los demás.

Yo sabía que eso no era verdad. Según Mirta, el abuelo de Madeline había trabajado como un caballo durante su juventud, ahorrando cada peso para comprar más y más parcelas de tierra. Tomó sólidas decisiones de inversión que rindieron más de lo que había anticipado. Nadie le dio nada.

Él y su familia vivían en una enorme finca, de más de 150 caballerías, ubicada a varios kilómetros de Arroyo Blanco; un viaje de más de cuarenta minutos en *Jeep* por un camino de tierra.

Capítulo 9 – La visita

No me importaba cuán lejos los padres de Madeline se la llevaran. De algo yo estaba seguro: ni ellos ni nadie podrían alejarme de la mujer que amaba.

Capítulo 10 – Lejos de Casa

En el momento en que llegué a la finca de mis abuelos paternos, entré como un torbellino de viento y fui directamente hacia mi habitación, sin detenerme a saludar a nadie. Me arrojé sobre la cama y me quedé allí, mirando al techo alto, notando las elaboradas molduras. La pintura *beige* de las paredes contrastaba con la moldura blanca, y me pareció más bonita de lo que recordaba. Una suave brisa entraba por las ventanas abiertas, y escuché el ruido de un tractor y las voces de los trabajadores agrícolas.

Me levanté y abrí un poco la puerta para escuchar la conversación de mis padres. Ellos y mi hermana se habían quedado con mi abuela en la sala, a solo unos metros de mi habitación.

—No puedo creer que nos esté tratando así después de todo lo que has hecho por ella, Victorino —dijo mi madre—. No te lo mereces ni yo tampoco. ¿Por qué tiene que elegir a un don nadie, habiendo otros hombres en el pueblo que provienen de buenas familias?

Podía sentir mi sangre elevándose hacia mi rostro. Entonces oí la voz de mi padre.

—Esperanza, ¡para!

—¡Es la verdad!

—Esta conversación ha terminado —mi padre respondió. Hizo una pausa por un momento antes de dirigir su atención a su madre. —Bueno, mamá, tengo mucho que hacer. Necesito regresar a casa. Dale un abrazo a mi padre de mi parte.

—¿Te vas a ir sin comer? Déjame pedirle al cocinero que te prepare algo.

—Gracias, pero no puedo quedarme.

Oí el movimiento de los muebles.

—Vamos, Nancy. Recoge tus juguetes — dijo mi madre.

—¿Puedo darle un abrazo a mi hermana antes de irnos?

La respuesta de Mamá no me sorprendió.

—Tu hermana no te está dando un buen ejemplo. Vámonos a casa. La verás la próxima vez.

Escuché el sonido decreciente de los pasos y luego, el silencio.

Salté de nuevo sobre mi cama, puse una almohada sobre mi cabeza y me crucé de brazos. Después de un tiempo, mi abuela Matilde entró en mi habitación arrastrando sus pies, se sentó en el borde de la cama y me quitó la almohada del rostro.

—¿No hay abrazos para tu abuela?

No respondí.

—Tu padre me contó lo que pasó. Debes tener paciencia, mi amor. Acuérdate de que tu papi te quiere mucho. Eres su hijita.

Me colocó sus manos artríticas en el brazo y respiró hondo.

—Avísame si necesitas algo. Podemos hablar cuando estés lista.

La miré por un momento. Debió tener sesenta años, pero sus arrugas la hacían parecer mayor. Sus espejuelos distorsionaban el ámbar en sus ojos y revelaban su buena naturaleza. Sin embargo, en ese momento, no pude bajar la guardia y de nuevo miré al techo, aunque parte de mí quería abrazarla.

Se quedó a mi lado por un tiempo. Después de que se fuera, comencé a llorar de frustración. No me reconocía a mí misma. Siempre había disfrutado del tiempo que pasaba en casa de mis abuelos, pero no durante esta visita. Me sentía cansada, como si nada importara.

Mis abuelos, Maximino y Matilde, personificaban la bondad y el amor. Llevaban más de cincuenta años de casados y habían criado a cinco varones y a seis hembras. El abuelo manejaba la granja y una tienda donde sus trabajadores compraban alimentos para sus familias. Mi abuela controlaba todo lo demás.

Mi padre había heredado las habilidades de liderazgo de la abuela. Ella se sentaba a la cabeza de la mesa del comedor y les daba órdenes a los trabajadores. Tenía criadas que mantenían la casa limpia, un cocinero que preparaba sabrosas comidas y trabajadores domésticos que realizaban otros quehaceres. Los trabajadores parecían tan dedicados y leales a ella como ella a ellos.

— No han comido suficiente ensalada y carne —les decía a sus trabajadores mientras todos nos sentábamos alrededor de la larga mesa del comedor.

El chef había trabajado para ella durante años. Cocinaba sabrosas carnes, pollo o puerco y papas fritas. También preparaba ensaladas de aguacate y tomate, verduras y carne; todo cultivado o criado en la granja.

A mi abuela le gustaba el orden y la disciplina. Los trabajadores de la casa y nuestra familia teníamos que comer en un momento específico. Los únicos trabajadores que no se sentaban en nuestra mesa eran los que trabajaban en la granja. Vivían en pequeñas casas proporcionadas por mi abuelo, y sus familias cocinaban sus propias comidas.

Más tarde ese día, mi abuela regresó a mi habitación y me pidió que me uniera a todos en la mesa para la cena. Cumplí. Debe haber más de una docena de personas alrededor de la mesa, la mayoría tías, tíos y sus familias. Comí poco, sintiéndome fuera de lugar por primera vez. Después de un tiempo, pedí que me excusaran y volví a mi cama.

Cuando llegó la noche, pude sentir morir el ruido de la casa mientras mis parientes regresaban a sus casas y mis abuelos y trabajadores se iban a la cama. No podía dormir. Pensé que mirar los campos me ayudaría a relajarme; miré por la ventana. Fue entonces cuando vi la silueta de mi abuela. Se escondió detrás de un roble alto, fumando un cigarrillo bajo la luz de la luna. Recordé que mi padre y sus hermanos habían ordenado a los trabajadores de la casa y de la granja que no le trajeran cigarrillos porque sufría de enfisema, pero mi abuela tenía una fuerte personalidad. Tal vez, parte de ese espíritu de contradicción vivía dentro de mí. Me había escondido bien durante años hasta que Willy entró en mi vida.

Al día siguiente de mi llegada a casa de mis abuelos, la tía Rosita, mi tía favorita, vino a quedarse con sus padres unos días. Cuando se enteró de lo que pasó, entró en mi habitación y me pidió que la siguiera hasta el porche.

Nos sentamos en mecedoras formando un ángulo, una frente a otra.

—Háblame de este chico —dijo.

—Lo amo, tía Rosita —dije—. Es todo en lo que pienso. Por favor, ayúdenos. Papá no entiende.

Ella sostuvo mis manos dentro de las suyas.

—No te preocupes. Esto se resolverá pronto. Sé paciente.

Me quedé en silencio, notando el bonito vestido rosa que llevaba ese día. No era como mi abuela, que tenía un cuerpo corpulento y

corto. Rosita era alta y delgada, con su hermoso cabello negro y su piel blanca cremosa.
—¿Quieres un vaso alto de agua de coco y un par de guayabas? —Rosita preguntó. Me encogí de hombros. Sonrió y llamó a uno de nuestros trabajadores agrícolas. Lo vi trepando dos de los árboles y luego continúe mi conversación con mi tía. Unos minutos más tarde, una de las criadas me trajo un vaso alto de agua fresca de coco y un plato con gruesas rebanadas de guayabas peladas y queso crema.

El hecho de que no importaba lo que se me antojara y que un trabajador de mis abuelos me complaciera, a veces me hacía sentir culpable. Mi tía me explicó que, si no les proporcionábamos un trabajo a esos trabajadores, no podrían proveer para sus familias. Su explicación no me hizo sentir mejor.

Al principio, me preguntaba por qué Rosita había venido a la finca sola. Me explicó que su marido estaba viajado por asuntos de negocios, y ella quería pasar algún tiempo conmigo.

Durante las largas y perezosas tardes, cuando nos sentábamos en el portal, yo le hablaba sobre Willy.

—Sueño con él todas las noches. El verlo y saber que no podemos estar juntos me duele. Papá piensa que mantenerme alejada de él me hará cambiar de opinión, pero se equivoca, tía. Adoro a mi padre, y no quiero que me haga elegir entre él y Willy.

—Has sido flechada por el amor, sobrina. Sólo aquellos que lo han conocido entienden cómo te sientes.

Capítulo 11 – Por fin

—Madi estará de vacaciones con sus abuelos por unas semanas —mi madre le dijo a Mirta cuando vino a mi casa a verme, un par de días después que me fui.

Mentir no era fácil para mi madre. Su expresión siempre revelaba lo que estaba pensando. En este caso, fueron sus palabras las que la traicionaron.

—No le digas a ese hombre dónde está mi hija.

Enseguida Mirta se dio cuenta de que no me había ido de vacaciones, por lo que ignoró su petición. Ese mismo día, visitó a Willy y le contó lo que había sucedido.

Unos días después, cuando tía Rosita y yo nos estábamos sentadas en el portal hablando de Willy, escuché el ruido de un motor. Mis ojos se enfocaron en la distancia. Más allá de la cerca de alambre de púas vi su *Jeep* verde con el techo removido. Me saludó varias veces agitando su mano, y le correspondí.

—¿Quién es ese hombre? —me preguntó tía Rosita.

—Es él; Willy.

—Ay... ¡Qué lindo! Vino de tan lejos para verte. Debe estar muy enamorado de ti.

Lo seguimos con los ojos, mientras que repetidamente pasaba por el frente de la finca. Una de las veces, su *Jeep* se detuvo al lado de la cerca. Willy se paró en el asiento del conductor y me saludó con más ímpetu que antes y me tiró un beso. Se lo devolví, feliz de verlo. Entonces, al notar que tía Rosita también lo saludaba sonriente, me volví hacia ella y le di un abrazo.

Por respeto a mis abuelos, eso es todo lo que Willy hizo ese día. Después que se fue, tía Rosita me miró, y como si hubiese notado mis ojos sombríos y expresión de anhelo, me preguntó:

—Amas mucho a ese hombre, ¿verdad?

La miré, no como la niña que ella había visto crecer, sino como una mujer.

—Sí, tía Rosita. Mi corazón late más rápido cuando lo veo. Cuando se aleja, mi corazón se rompe en mil pedazos.

Ella me dijo que el amor no tocaba a la puerta a menudo, y que cuando lo hacía, uno debía responder, por lo que decidió hablar con mi abuelo.

—Papá, Madi está enamorada —le dijo.

—Ya no es una niña. Cuanto más mi hermano se oponga a esta relación, peor será. Incluso, es posible que se fugue con él.

Exageró, como lo hacía a menudo.

Capítulo 11 – Por fin

Mi abuelo les pidió a mis tíos que comenzaran una investigación sobre mi enamorado. Hablaron con varias personas que conocían a Willy y a su familia. También visitaron a sus padres. Después que mis tíos regresaron con su recomendación, mi abuelo se reunió con mi padre. Le dijo que Willy provenía de una familia trabajadora y era un buen hombre.

Un día, papá vino a la casa de mis abuelos solo y me dijo que estaba listo para llevarme a casa. Habían pasado ocho semanas desde mi partida.

—No quiero que ese hombre te haga daño —me dijo mientras se alejaba de la finca de mis abuelos—. Espero que entiendas eso. Cuando hago las cosas, las hago pensando en lo que creo que es mejor para ti.

Mis ojos se llenaron de lágrimas.

—Lo sé, papá.

—¿Amas a ese hombre? —preguntó.

Asentí con la cabeza, y él respiró hondo.

—Envíale un mensaje y dile que venga a casa a hablar conmigo.

Estallé en sollozos. Papá quitó una mano del volante por un momento y me la pasó por el hombro.

Al día siguiente, hablé con Mirta y ella le hizo llegar a Willy mi mensaje. Ese fin de semana, lo esperé en el portal. Ansiosa, empecé a leer un nuevo libro que mi padre me había regalado para mi cumpleaños.

Cuando escuché el sonido de un motor y vi su *Jeep* verde en la distancia, cerré el libro y lo coloqué en una mesita. Poco después, estacionó su *Jeep* frente a la casa. Me levanté del sillón, me incliné sobre el muro del portal y le pedí que entrara.

—Lo siento, pero no voy a entrar —dijo.

—¿Pero, por qué no?

—Tu padre me echó de su casa, y es él quien me tiene que invitar a pasar.

Hice un gesto negativo con la cabeza.

—Bien, iré a buscarlo.

Me apresuré al fondo de la casa y le informé a mi padre lo que Willy había dicho. Asintió con la cabeza como si esto lo hubiese complacido y me acompañó al portal, no sin antes pedirle a mi hermanita que se quedara en su habitación jugando.

Saludó a Willy como lo haría con un colega de negocios, con un apretón de manos firme y un *"Por favor, entre y siéntese"*.

Se sentaron en sillones, uno al lado del otro, mientras que mi madre y yo nos sentamos frente a ellos. Mamá lo miró con desconfianza, y yo, con la ilusión de una niña de quince años enamorada del amor.

Por un momento miré hacia el fondo de la casa, y vi a mi hermanita de cinco años acercándose a la sala de puntillas. La miré de reojo e hice un gesto negativo con la cabeza. Regresó a su dormitorio, solo para regresar minutos después.

—¿Cuáles son sus intenciones con mi hija? —preguntó mi padre.

—La amo, señor —respondió Willy, mirándolo a los ojos. —Y si me lo permite, me gustaría casarme con ella.

Era la primera vez que yo le escuchaba decir algo así, y me sentí asustada y emocionada a la vez. Al oír sus palabras, mi madre me miró con una expresión de enojo y se cruzó de brazos.

—Todo a su paso —ripostó mi padre, reposicionándose en su asiento—. Si quiere casarse con ella, debe estar dispuesto a esperar hasta que cumpla dieciocho años. Mientras tanto, tiene mi permiso para visitarla. Sin embargo, debe tratarla como la muchacha decente que es. ¿Nos entendemos?

—Sí, señor. Solo es un pequeño sacrificio. Voy a esperar todo el tiempo que sea necesario.

—Todavía no entiendo por qué no pudo encontrar a una mujer de su edad. Ella es una niña.

—Nos amamos, señor. Acabo de cumplir veinte años. Sólo soy cinco años mayor que ella.

—Cinco años hacen una gran diferencia.

—Sé que no puede leer dentro de mi mente, y es difícil que usted confíe en mí cuando realmente no me conoce. Espero que, a través del tiempo, se dé cuenta de que esta fue una decisión correcta de su parte. Amo a Madeline con todo mi ser.

Willy y yo intercambiamos miradas. Le sonreí, pero cuando mi madre se dio cuenta, me dio un manotazo discreto que me quitó la sonrisa del rostro.

—Lamento cómo lo traté anteriormente. Pensé que Madeline todavía era una niña. Ahora veo que ya está dejando de serlo y se está convirtiendo en una mujer.

Mi padre me miró con admiración envuelta en tristeza. En ese momento, quería decirle que mi corazón tenía suficiente amor para él y para Willy. Eso nunca cambiaría. Esperaba que la mirada amorosa que le di hubiese transmitido ese mensaje.

Willy comenzó a visitarme, al principio, bajo un estricto horario que mi padre dictaba. Todos los domingos, me ponía un vestido lindo y lo esperaba en el portal. Durante las primeras semanas, nos sentamos afuera y hablamos con la alegría de dos muchachos. Mamá siempre le ofrecía café, por cortesía, no porque le cayera bien. Mi padre le había asignado el papel de chaperona, mientras que papá leía en su dormitorio. Cuando mi madre devolvía las tazas vacías a la cocina, Willy y yo nos tomábamos de la mano, pero sentía que anhelaba algo más.

En la tercera visita, cuando mamá se fue a la cocina a traernos café, Willy se inclinó hacia mí, y sus labios viajaron a los míos por primera vez. Los envolvieron con desesperación, revelando una suavidad y calidez que enviaron hormigueos a través de mi cuerpo. Cerré los ojos y le entregué mi boca. Disfruté lo que sintió mi cuerpo, el dominio que ejerció sobre mí y la forma en que me elevó a los cielos. No sabía cuánto duró ese beso, o qué me hizo regresar a la realidad; tal vez la idea de que mi madre volvería en cualquier momento.

—¡Nos van a ver! —dije después de liberar mis labios.

Ambos nos inclinamos hacia atrás en nuestros asientos, y me limpié la boca con los dedos. Al mirarlo, noté que mi lápiz de labios había manchado su rostro y sus labios.

—¡Límpiate la cara!

—¿Qué?

—¡Rápido! Tienes pintura de labios...

Sacó un pañuelo de su bolsillo y se limpió las huellas de nuestros besos. Ni siquiera un minuto después, mi madre llegó con dos tazas humeantes de café. Bebimos el líquido sin mirarnos, y después que ella regresó a sus quehaceres con las tazas vacías, irrumpimos en risas.

Después de la sexta visita, mi padre nos llevó a todos a la finca de mi abuelo, donde nos esperaba una gran fiesta. Esa fue la primera de muchas celebraciones. No tardó mucho para que Willy se hiciera amigo de tía Rosita y de mis abuelos.

Cinco meses después de su primera visita, me trajo una bonita banda de oro con cinco diamantes y me pidió formalmente que fuera su esposa. Acepté.

Para celebrar nuestro compromiso, su familia organizó una fiesta en el pueblo costero de Guayabal, el lugar donde Willy estaba construyendo la que sería nuestra casa. El día del evento, salimos de mi casa en dos

Jeeps: Willy, mis padres, mi hermana, y yo en uno, y dos de los hermanos de Willy con sus esposas en el otro. Conduciendo por un camino elevado de grava, rodeado de fincas y a veces por una tupida vegetación, nos llevó más de una hora llegar allí. Durante el camino, mi expectación aumentaba, ya que Willy insistió en ocultarme los detalles de la fiesta.

A medida que nos aproximábamos al mar, por las ventanas abiertas, comencé a sentir el viento en mi rostro y a aspirar el aromático aire marino. Para entonces, ya Willy había bajado el techo del *Jeep*, lo que me permitió ver el cielo azul en su plenitud y alguno que otro sinsonte o tocororo volando de una rama a otra.

Nada de lo que yo me hubiera imaginado podría compararse con lo que ocurrió después. Al final de la carretera, doblamos en una calle de arena, muy larga y paralela a la playa, que estaba bordeada a ambos lados por pintorescas casitas. De repente, una multitud de más de cien personas estalló en gritos de alegría. Salimos de nuestros vehículos, y fuimos recibidos con sonrisas, apretones de mano y felicitaciones por nuestro compromiso. Escuchamos comentarios como: *"¡Qué bonita es tu novia!"* y *"Les deseamos muchos años de felicidad"*.

Mis padres miraban a su alrededor; mamá con una sonrisa tímida y mi padre tratando de ocultar su incomodidad. Yo no sabía cómo Willy había logrado hacer esto, pero en este día, me hizo sentir como una reina.

En nuestra primera parada en una de las casas del pueblo, un primo suyo nos sirvió un almuerzo típico de esta zona: arroz blanco, camarones secos y boniato. Los camarones, secados bajo el sol, se consideraban un manjar. Durante nuestra próxima parada, disfrutamos de un pargo fresco, y en la última, de unos casquitos de guayaba en almíbar espeso, servidos con queso crema. Conocimos a más de una docena de parientes en cada casa, incluyendo tías, tíos y primos de mi prometido. Durante cada visita, miré a mi padre, tratando de leer sus pensamientos, esperando que pudiera sentir mi felicidad.

Regresé a casa un par de horas antes de la puesta del sol, agotada, pero los recuerdos de ese viaje siempre se quedarían conmigo.

***

Los años posteriores de nuestro compromiso pasaron rápidamente, entre la vida familiar y las visitas a la casa de mi abuela materna y a la finca de mis abuelos paternos.

Durante esos tiempos felices, cuando nos sentábamos alrededor de una larga mesa de comedor, conversando con miembros de la familia y comiendo deliciosos frijoles negros y arroz con puerco fresco y plátanos, o carne y papas fritas, o un sabroso arroz amarillo con pollo y pimientos rojos, no podríamos haber previsto las duras pruebas a las que nuestro amor sería sometido.

Capítulo 12 – Los rebeldes

Ruidos de metal contra metal y la voz de un hombre me despertaron en medio de la madrugada.

—¡Abran! ¡Abran la puerta ahora mismo o quemaremos la casa! —un hombre gritó.

Desde el dormitorio que mi hermana y yo compartíamos, escuché a mi madre gritar. Medio dormida, Nancy se volvió hacia el otro lado y colocó la sábana sobre su cabeza.

—Nancy, ¡despierta!

—Tengo sueño. ¡Déjame dormir!

—Nancy, no podemos quedarnos aquí. ¡Vámonos!

A regañadientes, se levantó.

—Hay un hombre malo fuera de la casa —le susurré—. No digas ni una sola palabra.

Agarré la mano de mi hermana y nos apresuramos hacia la habitación de nuestros padres. Al llegar allí, encontramos a nuestra madre inconsolable.

—¿Qué pasa? —le pregunté.

78

Papá nos dio un abrazo.

—Niñas, quédense aquí con su mamá y no salgan de esta habitación a no ser que yo se los diga.

Luego agarró una camisa que había dejado encima de una silla y se la puso.

—¿Qué estás haciendo? —mamá le preguntó.

—Lo que tenga que hacer —dijo de una manera tranquila, mientras se abrochaba la camisa.

Puse mis brazos alrededor de Nancy y acaricié su cabello, mientras miraba a mi padre para determinar si compartía mi miedo. Sin embargo, la luz de la luna que se filtra por las ventanas no iluminaba la habitación lo suficiente como para que yo pudiese leer su rostro.

—¡Se les está acabando el tiempo! —gritó una voz masculina. Era una voz fría, del tipo que uno nunca olvida. A continuación, siguieron los ruidos ensordecedores. Aterrorizada, comencé a respirar más rápido y sostuve a Nancy más cerca de mí.

—¿Escuchaste eso? —el hombre gritó—. Estos son tanques de gasolina. Los estamos preparando.

—Tengo miedo, Madi —dijo Nancy, poniendo sus pequeños brazos mi alrededor.

—No te preocupes —le dije—. Todo va a salir bien.

Le acaricié el pelo y miré en la dirección de mis padres. Mi madre corrió hacia mi padre mientras que este intentaba salir de la habitación. Lo agarró de su camisa y lo sacudió, gritando de manera dramática:

—No dejes que nos maten, Victorino.

—Luego estalló en sollozos. Mi padre se libró de ella. Entonces, como si se hubiera olvidado de hacer algo, se precipitó hacia una de las ventanas. Corrió las cortinas finitas a un lado y miró hacia afuera. Hizo lo mismo en el lado opuesto de la habitación.

—La casa está rodeada de camiones y de hombres armados —le dijo a mi madre—. Quédate aquí con las niñas.

Entre sollozos, ella le rogó que no se fuera, y como él insistió, ella dijo:

—Por favor, te necesitamos. Regresa.

Después de que mi padre saliera de la habitación, mamá se acercó a Nancy y a mí y nos agarró de las manos.

—Dios, ayuda a nuestra familia. Por favor, no dejes que les pase nada a mi esposo y a mis hijas.

Nos abrazó, cerró los ojos y susurró unas oraciones. Poco después, escuchamos el sonido decreciente de los pasos de mi padre y el ruido de bisagras.

—Dame todas las armas y balas que tengas. También tráeme las llaves de ese *Jeep*. Nos será útil. Y no intentes nada porque no dudaré un solo segundo en meterte una bala en la cabeza, y luego quemaré tu casa con tu familia dentro. Créeme, no podrán escapar.

Capítulo 12 – Los rebeldes

El hombre parecía estar hablando en serio. Mi padre le dijo que no tenía que preocuparse. Cumpliría con sus órdenes. Momentos después, papá entró en la habitación y buscó su pistola y unos paqueticos de balas que guardaba en la cómoda.

—¿Qué haces? —preguntó mi madre.

—Proteger a mi familia. Estos rebeldes son hombres peligrosos.

—Por favor, cuídate —respondió mamá.

Mi padre salió de la habitación y luego, el tiempo se detuvo. Temía por su vida. Recé para que no se le ocurriera hacer algo que enojara a los rebeldes. Todas, hasta mamá, quien respiraba profundamente para ahogar el sonido de sus sollozos, nos quedamos calladas y prestamos atención a lo que estaba sucediendo fuera de la habitación. Escuchamos la voz de mi padre, pero no pudimos descifrar lo que decía. Entonces, oímos una puerta cerrarse y el sonido de los camiones que se alejaban.

Ese fue mi primer encuentro con los revolucionarios de Castro. Era el comienzo del año 1958 y las cosas sólo empeorarían. Después de que los hombres se fueran, mi padre regresó a la habitación.

—Van a pagar por lo que hicieron —dijo, apretando la mandíbula y golpeando la cómoda con los puños.

Mi madre, mi hermana y yo lo colmamos de abrazos, mientras lo sentíamos respirar aceleradamente, como si hubiera estado corriendo. Llorando, mi madre puso su mano sobre el pecho de mi padre y le dijo que su corazón latía como un tambor. Nunca lo había visto tan enojado.

Al amanecer, nuestra casa estaba llena de gente, desde las autoridades hasta los jefes de mi padre, todos tratando de tranquilizarlo, asegurándole que nos protegerían, sin darse cuenta de que los rebeldes le habían hecho un daño irreversible a nuestro país, y que la capacidad de cualquiera de proteger a los que se le oponían había desaparecido.

Cuando todos se fueron, la casa retornó al silencio. Mamá regresó a sus tareas, y papá, sin tener nada que hacer, ya que sus jefes le habían dado el día libre, comenzó a dar vueltas por la casa, enterrado en sus pensamientos.

Al mediodía, yo estaba en la sala tratando de concentrarme en una novela de Corín Tellado, cuando el sonido de un caballo galopante me distrajo. Miré por la ventana, y a lo lejos, vi a Willy montado a caballo. Contenta de verlo, salí a recibirlo.

Días después, supe por una de sus hermanas que cuando él se enteró de lo que nos había ocurrido, comenzó a actuar irracionalmente.

—¡Voy a matarlos a todos si le ponen un dedo encima a Madeline! —gritaba. Estaba tan enojado que sus hermanos tuvieron que sujetarlo mientras que su madre iba por un vaso de agua y una taza de tilo para que se tranquilizara.

Capítulo 12 – Los rebeldes

Antes de que se fuera de la finca, sus hermanos le pidieron que fuera a caballo, temiendo que los rebeldes le quitaran el *Jeep*. Parecía preocupado al desmontarse del equino. Momentos después, nos abrazamos en el portal, mientras yo lloraba en sus brazos y mi padre nos miraba desde adentro de la casa.

Faltaban nueve meses para que yo cumpliera los dieciocho años, y mi pueblo había perdido su inocencia.

La gente en estas zonas no salía de sus casas después de las 6 de la tarde porque las maniguas estaban llenas de revolucionarios. Aquellos que estaban fuera en ese momento, eran detenidos por los rebeldes e interrogados, y algunos, asesinados.

Los rebeldes inyectaron el miedo en la fibra de cada pueblo rural. Un día, Roberto, uno de los vecinos de Willy, estaba recogiendo caña de azúcar con una grúa cuando se enfrentó a una de las tropas de Batista.

—Oye tú! ¿Has visto algún rebelde por aquí? —gritó uno de los soldados.

—Por supuesto —dijo—. Todo el mundo los ve, menos tú.

Unas horas después, recibió un mensaje de su hermano para informarle que su padre había tenido un derrame cerebral. Este fue a ver a su padre con sus tres hijos y su esposa. Esa noche, un grupo de rebeldes rodeó su casa y la incendió. Desde su finca, a un kilómetro de distancia, Willy podía ver el resplandor de las gigantes llamas y el rastro de humo que llegaba al cielo. Si el padre no hubiese sufrido ese derrame cerebral, Roberto habría sido asesinado junto a toda su familia. Era evidente que uno de los soldados de Batista había contactado a los rebeldes con respecto a su respuesta.

Ese mismo año, otros dos policías, acusados de ser chivatos y contrarrevolucionarios, perdieron la vida a manos de los rebeldes. Todos en el pueblo lo sabían. En la madrugada, un grupo de hombres armados, como el que vino a mi casa, los visitó y les dieron muerte a tiros en frente de sus respectivas familias, aumentando el ambiente de miedo que reinaba en nuestros pueblos.

Capítulo 13 – La boda

—Ya oscureció, Madi. Debo irme —dije.

Madeline y yo estábamos parados en su portal mientras sus padres nos miraban desde el interior de la casa.

—¿Por qué no te quedas en la sala esta noche? Es peligroso estar fuera a estas horas —respondió ella, girando la cabeza hacia sus padres, como buscando aprobación.

—Tengo que levantarme muy temprano.

—¿Y si los rebeldes te detienen? —susurró.

—No te preocupes. Todo estará bien —le respondí, sin estar seguro si yo podría hace algo contra ellos.

Besé a Madeline en la mejilla, me despedí de sus padres y me dirigí a casa.

Estaba cansado. Mi caballo galopaba perezosamente a un ritmo lento por el camino de tierra. Con la luz de la luna guiándome a casa, seguía dormitándome. Para mantenerme despierto, sacudí la cabeza varias veces y me abofeteé la cara.

Capítulo 13 – La boda

En algún momento, me quedé dormido, pero la repentina parada de mi caballo me despertó. Desorientado, traté de ganar mi equilibrio mientras que el animal asustado casi me tira al suelo. ¿Qué pudo haber desencadenado esta reacción?

Desmonté el caballo, acaricié su rostro y hablé con él con voz suave y tranquila, pero parecía inquieto y nervioso. Miré a mi alrededor, tratando de averiguar qué era lo que lo había asustado. Fue entonces que vi a un grupo de hombres armados saliendo de atrás de varios establecimientos. En pocos segundos, me encontré rodeado de rebeldes.

—¿Quién eres? —gritó uno de los hombres barbudos.

—Willy Montes.

—¿Qué haces afuera a esta hora? ¿No sabes que estas no son horas de salir? ¿Eres un chivato?

—Yo no. Salí de la casa de mi novia tarde, y estoy de camino a casa.

Uno de los rebeldes se posicionó detrás de mí y llevó el cañón de la pistola a mi sien.

—O me dices la verdad, o te mato. ¿Qué haces por aquí a esta hora?

Se acercó tanto a mí que sentí su aliento agrio. Traté de mantener la calma, pero la idea de que no llegaría a casa esa noche me cruzó por la mente.

—Fui a ver a mi novia y perdí la noción del tiempo. Si eso es un crimen, entonces estoy dispuesto a morir por la mujer que amo.

Todos empezaron a reírse. Podía sentir el cañón del arma contra mi tempo. Si el hombre que lo sostenía apretaba el gatillo, todo terminaría ahí. ¿Qué le pasaría a Madeline entonces? ¿Quién la protegería? Me costó mucho trabajo controlarme y no dejar que el miedo me embargara.

Después de un par de minutos tensos, uno de los hombres le hizo un gesto a otro que se acercó a mí y me dijo:

—Escúchame, Romeo. Si alguna vez volvemos a verte a esta hora, no habrá otra oportunidad.

El hombre que tenía el arma en mi sien, la retiró y la devolvió a la funda que llevaba en su cintura.

—Lárgate —dijo.

Monté mi caballo y nos alejamos a galope.

Después de ese encuentro, me pregunté si Madeline y yo deberíamos acelerar la boda, ya que cada día tenía que pasar más tiempo trabajando en el Puerto de Guayabal, lo que no me permitía la oportunidad de visitarla muy a menudo. El viaje entre nuestros pueblos se había vuelto demasiado peligroso, y temía que pronto, no me sería posible recorrerlo.

Con el dinero que ganaba, tenía suficiente para terminar la casa, pero no podía hacerlo solo. Hablé con mis hermanos y aceptaron ayudarme.

Cuando la terminamos, me reuní con el padre de Madeline y le pregunté si podía ca-

sarme con ella un poco antes. Él estaba enve-
jeciendo, y después de entregarle su arma a
los rebeldes, no creía que podría proteger a
su hija. Yo, sin embargo, tenía a mis hermanos y sabía cómo fajarme, no sólo en el *ring*
de boxeo, sino en la calle. Por lo tanto, se fijó
una nueva fecha, tres semanas antes de lo
previsto.

El 23 de noviembre, llegué a la casa de
Madeline listo para casarme con ella. Estábamos en medio de una guerra, así que no
habría fiesta ni ceremonia de bodas. Los jefes
del padre de Madeline le prestaron un *Jeep*, y
ella, sus padres, su hermana y yo comenzamos el peligroso viaje que nos llevaría al notario, cuya oficina se encontraba a pocos kilómetros de distancia en Santa Cruz del Sur.
Cuando salimos de la casa de sus padres, no
estábamos al tanto de las condiciones que
encontraríamos en el camino. Las comunica-
ciones eran limitadas, y sólo había un par de
programas de noticias en la radio durante el
día. El resto del tiempo, las estaciones de radio tocaban música o telenovelas.

Íbamos por un camino de tierra. Victorino, quien manejaba, no dijo mucho en el
camino y tenía el rostro de alguien que iba a
un funeral, mientras que Esperanza seguía
haciéndome preguntas sobre mis padres y
mis hermanos. Después de un tiempo, comenzamos a ver un puente a lo lejos, pero algo no estaba bien. Había humo por todas partes, y en poco tiempo, comenzamos a ver las
columnas de llamas a ambos lados del puen-

te. Llegamos a la conclusión de que los rebeldes lo habían incendiado. Teníamos que atravesarlo para llegar al otro lado. En vez de reducir la velocidad, el padre de Madeline apretó el acelerador. Victorino manejaba a alta velocidad, lo que hacía que el *Jeep* rebotara de lado a lado sobre la desigual carretera.

—¡Bajen la cabeza! —gritó.

Nancy comenzó a llorar. Estaba sentada en el asiento trasero entre Madeline y yo, así que empezamos a dividir nuestra atención entre lo que estaba sucediendo fuera y en consolarla. Madeline me miraba con miedo en los ojos. A unos metros de nosotros, el río Najasa esperaba, cada vez más cerca. Esperanza comenzó a gritar:

—¿Qué piensas a hacer?

Victorino siguió acelerando.

—¡Mantengan la cabeza baja! Madeline, cubre a tu hermana con tu cuerpo y protégela. Las cosas se nos pueden poner difíciles.

—¡No lo cruces, papá! ¡Detén el *Jeep*, por favor! —Madeline gritó.

—¡Cuida de tu hermana! —gritó Victorino.

Momentos después, estábamos cruzando el puente a toda velocidad. El humo espeso y el fuego nos rodeaban. Nancy, Madeline y Esperanza gritaban. Yo no lo admití, pero temía que el puente de madera cediera bajo el peso nuestro y cayera al río. Los minutos siguientes pasaron lentamente, mientras yo trataba de planificar en mi mente qué haría si se derrumbara. Momentos después, llegamos a tierra firme de nuevo y los gritos cesaron. Treinta minutos después, Madeline y yo estábamos parados frente al juez que nos casaría. Fue una ceremonia sencilla, sin vestido de novia o traje elegante, solo dos personas que se profesaban amor eterno. Dos de los amigos de Victorino que vivían en ese pueblo, cuyo nombre no recuerdo, sirvieron como testigos. A medida que los rebeldes aumentaban su control, la gente de esta zona había dejado de casarse en las iglesias. Estas, ahora pertenecían al pasado.

Después que el juez nos declaró marido y mujer, el notario sugirió un restaurante local donde podríamos tener una pequeña celebración.

El restaurante estaba medio lleno cuando llegamos. Una mujer de cara gruesa que estaba en la entrada parecía contenta de vernos y, con una sonrisa, nos llevó a una larga mesa. En el transcurso de nuestro almuerzo, Victorino siguió mirando a su hija, apretándose sus labios y mirando al suelo pensando que nadie podría ver las lágrimas que se asomaban a sus ojos. Pronto, tendría que despedirse de su hijita. Yo esperaba que mi mirada le transmitiera lo que había en mi corazón. Por tres años, yo esperé para casarme con la muchacha más hermosa de Arroyo Blanco. La amaba como nunca había amado a nadie antes, y no permitiría que le hicieran daño. Esa era mi promesa, una que se pondría a prueba de maneras inimaginables.

Capítulo 14 – Una nueva vida

Enrique, uno de los hermanos de Willy, nos recogió en mi casa cuando regresamos de nuestra boda.

—Voy a venir por mis cosas por la mañana, papá —le dije a mi padre antes de despedirme.

Mientras nos alejábamos, comencé a sentirme ansiosa. Sentado a mi lado en el asiento trasero del viejo *Jeep*, Willy me preguntó: —¿Estás feliz?

—Sí —le dije, preguntándome si esa había sido mi primera mentira. Temía estar a solas con él, ya que no sabía cómo ser una esposa.

El sol se estaba ocultando en el horizonte. Pronto, los rebeldes se apoderarían de la zona, así que pasamos la noche en la casa de Enrique. Esto resultó ser una bendición porque esa noche sólo nos abrazamos y nos quedamos dormidos en los brazos del otro. Él quería mucho más, pero por respeto a su hermano y su familia, decidió esperar.

A la mañana siguiente, su hermano le pagó a Julio, un hombre conectado a los rebeldes, para que nos recogiera. Un revolucionario de alto rango le concedió a Julio un salvoconducto y le prestó el camión militar en el que nos llevaría junto con nuestra mudanza. Luego de colocar nuestras pertenencias en el camión, nos despedimos de nuestras familias y comenzamos el viaje hacia el sur, a través de zonas campestres infestadas de rebeldes.

Nuestro camión fue detenido varias veces. Miré hacia abajo en cada ocasión, evitando el contacto visual con los rebeldes. Yo llevaba un sencillo vestido gris, para que los rebeldes no se dieran cuenta de que mi padre pertenecía a la clase social que ellos despreciaban. Durante el camino, contemplé los grandiosos árboles de Ceiba esparcidos por doquier y escuché el sonido de los periquitos y colibríes. Willy seguía mirándome con ojos de felicidad mientras sostenía y acariciaba mi mano. Sus miradas devoradoras me hicieron pensar en lo que sucedería unas horas después, durante nuestra primera noche a solas.

Guayabal nos recibió con cielos soleados. Cuando llegamos a la pequeña casa que Willy había construido, Julio y dos de mis cuñados que habían estado montados en la parte trasera del camión, ayudaron a traer nuestras pertenencias adentro. Mientras tanto, me dirigí a la cocina con una pequeña caja que contenía un colador de café, una olla de hierro, café molido, azúcar y tacitas de metal. Mientras hervía el agua para el café, comencé a organizar los comestibles, las ollas, los sartenes y los utensilios de cocina que Willy dejó en la meseta.

Más tarde, cuando salí con una bandeja que contenía tres tazas de café, aguanté la respiración. Yo había probado una tacita, pero al ser esta mi primera vez colando café, no confiaba en mi juicio. Cuando los vi sonreír y devolverme las tazas vacías, me pregunté si les había gustado o si se estaban burlando de mí, hasta que Willy dijo:

—Excelente café, mi amor.

Mientras los hombres arreglaban los muebles, yo les preparé sándwiches de jamón y queso. Me sentí más tranquila cuando, a las cuatro, el trabajo terminó y todos regresaron a sus hogares.

Willy y yo terminamos de organizar todo a las siete. Entonces me pidió que me preparara para la cama, mientras me cocinaba un bistec y papas fritas para la cena. Al ducharme, me preguntaba si ya había fracasado como esposa. Mi madre nunca habría permitido que mi padre cocinara para ella.

Cuando yo terminé, él se duchó rápido mientras yo preparaba la mesa. Luego me senté y lo esperé, mientras el aroma de las papas fritas crujientes y del bistec frito, salteado en cebollas, me hacía sentir más hambrienta.

Willy se devoró su cena en minutos, como si no hubiese comido durante días. Mi nerviosismo solo me permitió comer la mitad de la comida en mi plato. Después, me pidió que no me preocupara por los platos.

Capítulo 14 – Una nueva vida

Mientras tomaba mi mano y me llevaba al dormitorio, mis manos se humedecieron.

—No te preocupes —dijo como si hubiese notado mi nerviosismo.

Cuando lo vi sin camisa por primera vez, quedé tan impresionada y asustada por su musculatura que miré para otro lado.

—¿Tienes miedo? —preguntó.

Me encogí de hombros. Yo estaba de pie junto a la cama, y él se acercó y comenzó a besarme, primero en mis mejillas, luego en mis labios y en el cuello. Temblé mientras me desabroché el vestido.

—No te preocupes —dijo.

Sentí una opresión en el estómago. Por primera vez, él podría ver mis imperfecciones, y me sentí avergonzada.

—Eres mucho más hermosa de lo que había imaginado —dijo. Traté de cubrirme con mis manos y concentrarme en otra cosa, como las velas que había colocado alrededor de la habitación que hacían que pareciera un templo.

Me elevó a la cama cuidadosamente. Entonces sentí mi corazón y mi respiración acelerándose, mientras mi cuerpo se entregaba a él.

La mañana me encontró en sus brazos, los dos agotados, pero felices. Durante los tres días siguientes se quedó en casa. Aún si hubiésemos querido ir a algún otro lugar para nuestra luna de miel, no hubiese sido posible; no en medio de una revolución sangrienta. Sin embargo, yo no podía imaginarme en ningún otro lugar que no fuera en esta casita que sus manos me construyeron. Él hizo que me olvidara del mundo.

Todas las mañanas, me servía el desayuno en la cama: una taza de café con leche y un pedazo de pan tostado con mantequilla y rebanadas de chorizo. Me miraba comérmelo con una sonrisa en su rostro.

—Mi hermosa niña de Arroyo Blanco —decía con orgullo.

Me hubiese gustado que se hubiera quedado en casa más tiempo, pero había demasiado trabajo en el puerto.

Cuando en el cuarto día, se vistió para ir a trabajar, desayunó y me besó antes de salir de casa, me di cuenta de que mi vida como ama de casa había comenzado.

Un par de horas después, yo estaba en la cocina pensando qué iba a preparar cuando escuché a alguien tocando a la puerta.

—¿Hay alguien en casa? Madeline, es Rita.

Escuchar estas palabras me hizo sonreír mientras corría hacia la puerta. Cuando abrí, le di a la mujer de mediana edad un cálido abrazo. La besé en la mejilla mientras ella llevaba en sus manos un plato de buñuelos.

—Aquí tienes mi regalo de luna de miel. No es que me guste presumir, pero hago los mejores buñuelos del pueblo.

Tomé el plato y lo coloqué en la mesa del comedor.

Capítulo 14 – Una nueva vida

Tía Rita, la tía de Willy, me había conocido durante mi presentación al pueblo de Guayabal, pero entonces, no tuvimos mucho tiempo para hablar.

Nos sentamos en los dos sillones que amueblaban mi salita. Le ofrecí café, pero dijo que ya se había bebido dos tazas ese día.

Me hizo muchas preguntas sobre mis padres, mi hermana y la vida que dejé atrás. Su receptividad me impresionó.

—Tú quieres a tu padre mucho más que a tu madre, ¿verdad? —preguntó.

Asentí con la cabeza. Quería saber por qué, pero yo no estaba lista para decírselo.

Durante los próximos días, nos invitó a cenar varias veces y me enseñó a cocinar. Nos dijo que se sentía sola porque su marido estaba viajando.

Yo pasaba la mayor parte de mi tiempo en su casa hablando sobre lo que estaba sucediendo con los rebeldes, y aprendiendo sobre la familia de Willy.

Una mañana, cuando llegué a su casa, abrió la puerta y me besó, pero algo no estaba bien. Mientras nos sentamos en su sala, parecía absorta en sus pensamientos.

—¿Está todo bien? —pregunté.

Ella respondió con un débil y poco convincente "*Sí*".

Entonces escuché un ruido en la parte de atrás de la casa. Momentos después, un hombre alto y grande, con una camiseta y pantalones cortos se nos acercó con una gran sonrisa.

Capítulo 14 – Una nueva vida

—¡Oye chica, que bueno que viniste! Tú tienes que ser Madi. Rita tenía razón, pero la verdad que se quedó corta. ¡Estás... en candela! Vamos, echa *"pa'cá"*.

Miré a su esposa con una mirada tímida, me levanté de mi sillón y extendí mi mano para estrechar la suya. Sin embargo, me haló hacia él, me abrazó fuertemente, y mientras su cuerpo estaba pegado al mío, agarró y apretó mi trasero con sus manos. Enseguida, di un paso atrás.

—Madi, este es Antonio, mi esposo —dijo tía Rita con una voz monótona.

—Rita, ¿puedes ir a la cocina y traerme una taza de café con leche? —dijo Antonio.

Miré a Rita mientras el pánico me invadía. Ella vaciló por un momento.

—Vuelvo enseguida —dijo ella.

Cuando Rita se retiró, los ojos de Antonio se enfocaron en mi pecho.

—Eres la mujer más bella que he visto en mi vida. Me cuesta quitarte los ojos de encima.

Me crucé de brazos.

—Debería estar avergonzado —le susurré—. ¿Cómo puede hablarme de esa manera con su esposa a pocos metros de distancia? Además, soy una mujer casada.

—¡Ah! Eso no significa nada. Casada, soltera. ¿Qué importa? Dime, ¿cuántos años tienes?

—Dieciocho.

—La edad perfecta.

Capítulo 14 – Una nueva vida

Podía oír el creciente sonido de pasos, pero no parecía importarle. Me desvestía con la mirada. Cuando regresó Rita con la taza de café con leche y se la dio a su marido, agarré mi bolso.

—Tía Rita —le dije—tengo mucho que hacer hoy. Debo regresar a casa.

La besé en la mejilla y me fui sin mirarlo.

Después de ese encuentro, sólo visité la casa de Rita cuando sabía que su marido estaba fuera. La forma en que la trató me entristeció mucho por Rita, sobre todo. Con lo enojada que yo estaba con Antonio, decidí no decirle nada a Willy al respecto, ya que no quería una confrontación entre ellos.

Antonio estaba fuera de casa con frecuencia, ya que conducía un tren entre diferentes partes de la provincia y el puerto, un trabajo que les daba un estilo de vida muy cómodo. Su único hijo era mudo. Con lo mucho que le gustaba hablar a Rita, sólo podía imaginar lo doloroso que era para ella tener a un hijo que nunca podría decirle cuánto la amaba.

Gracias a sus enseñanzas, en pocos días comencé a preparar deliciosas comidas. También me enseñó a hacer mermelada de guayaba y sus sabrosos buñuelos de bacalao.

No hablamos del incidente en su casa hasta una tarde soleada, mientras estaba sentada en una hamaca en su portal, y ella me habló de las infidelidades de su marido.

Capítulo 14 – Una nueva vida

Me explicó que había decidido ignorarlas; ya era demasiado vieja para comenzar de nuevo. Me preguntaba si, cuando yo cumpliera la edad de Rita, tendría que preocuparme por la infidelidad de mi marido. Aunque no pensaba que yo podría tolerarlo, me abstuve de juzgarla. Entonces nuestra conversación cambió al tema de mi madre. Ella quería entender por qué no nos llevábamos bien. Le conté sobre los cocotazos que había soportado y mi miedo a ella cuando estaba creciendo.

—A veces, los padres son difíciles de entender —dijo—. Tienes razón en querer dejar eso en el pasado. Ahora eres una mujer casada. Un día, tendrás hijos, y estoy segura de que esas experiencias te ayudarán a entender cómo no actuar con ellos.

Ella siempre tenía algo sabio que decir, pero yo temía traer un hijo al mundo, al menos hasta que las condiciones en el país mejoraran.

Capítulo 15 – Los campos de la muerte

Los rebeldes ahora controlaban la sección entre Guayabal y Arroyo Blanco, por lo que ya no podía visitar a mis padres, ya que el acceso entre nuestros pueblos era limitado. La situación seguía deteriorándose día a día, con frecuentes enfrentamientos entre las fuerzas gubernamentales y los rebeldes, y la toma por los rebeldes de múltiples secciones claves de Camagüey.

Una tarde, cuando estaba terminando la cena de Willy, escuché a una chica gritando mi nombre. Levanté la cabeza y miré por la ventana. Vi a Sarita, de ocho años, la hija de uno de nuestros vecinos, de pie junto al cercado. La niña delgada, de pelo rubio que le llegaba hasta los hombros, llamaba mi nombre con una mirada temerosa.

—¡Corre, Madeline! Mami dice que corras, que viene un avión a bombardear. Corre. Ya viene llegando.

—¿Cómo lo sabes? —pregunté.

—Un mensajero se lo dijo a mi mamá. ¡Corre!

Capítulo 15 – Los campos de la muerte

Rápidamente me sequé las manos y salí corriendo, dejando la puerta abierta. Traté de regresar para cerrarla, pero ella me dijo que no había tiempo. No sabía por dónde vendría el avión del que me hablaba la niña. Sin embargo, podíamos escuchar el ruido de los motores de un avión que se intensificaba mientras corríamos. Una vez que dejamos atrás un área de árboles altos, el avión negro se hizo visible. Volaba bajo y venía hacia nosotros. Entonces, comenzamos a escuchar el sonido ensordecedor de las ametralladoras. Me pregunté si nos estaban disparando. Nunca sentí la muerte tan cerca como en ese momento. Oía a la gente gritando, pero no sabía de dónde provenían los gritos, hasta que por fin me di cuenta de que provenían de un hueco en la tierra.

Apenas tuve tiempo de saltar al hoyo. Todo sucedió tan rápido. Alguien nos haló hacia dentro de la cavidad, mientras el fuego de las ametralladoras seguía cayendo cerca. La gente a mi alrededor gritaba que los rebeldes iban a bombardear el puerto, por lo que muchos pensamientos inundaron mi mente. Pensé en Willy, mis padres, mi hermanita, la tía Rosita, la tía Rita y mis abuelos. Antes de que todo se volviera negro, los imaginé baleados y muertos, en un campo de campanillas blancas, sus ropas ensangrentadas.

No supe cuánto tiempo permanecí inconsciente. Cuando abrí los ojos, Willy se inclinaba sobre el hueco, tratando de alcanzar mi rostro con sus manos. La gente a mi alrededor salía del refugio antibombas, uno por uno, excepto los padres de Sarita, Lilia y Jorge, que me miraban y sonreían.

—Bienvenida —dijo Lilia.

Me di cuenta de que ya no se podía escuchar el avión ni el tiroteo, pero me sentía confundida. Entonces recordé los pensamientos que tuve antes de que perdiera el sentido.

—Madeline, mira hacia arriba. Soy yo. Estoy bien. Toma mi mano.

En el momento en que vi a Willy sonreír, comencé a llorar. Me sacó del refugio y me abrazó.

—Ya pasó, mi amor. Ya pasó —dijo, besando mi cara llorosa.

Más tarde me di cuenta de que Sarita me había llevado al refugio que Willy había ayudado a construir. No sabía entonces que Jorge era uno de los rebeldes y le había enviado un mensaje a su esposa avisándole del ataque. Independientemente de lo que sintiéramos contra los rebeldes, debíamos tener cuidado. La mayoría de la gente en el país los apoyaba.

Alrededor de un mes después, el 31 de diciembre de 1958, los padres de Sarita nos invitaron a Willy y a mí a recibir el Año Nuevo en su casa. Pensé mucho en mis padres esa noche, y cuando el reloj llegó a la medianoche, todos los adultos levantamos nuestras copas de vino para brindar. Luego, mientras que Willy y yo nos abrazamos y nos besábamos en la mejilla, oré por el final de la guerra. No entendía mucho de política, pero estaba cansada de ver hombres que habían nacido en el mismo país, matándose unos a otros, como animales, en las calles de mi pueblo.

Esa noche, mientras dormíamos, el presidente Fulgencio Batista huyó del país. El primero de enero del 1959, Cuba despertó para enfrentar una nueva realidad. Hombres barbudos vestidos con uniformes verde oliva descendieron de sus escondites y se unieron a la gente que celebraba su victoria. Los rebeldes habían ganado.

Unos días después, Antonio, uno de los primos de Willy que simpatizaba con los rebeldes, vino a nuestra casa.

—Quedan arrestados —dijo Antonio con una expresión seria.

Al principio, pensamos que alguien había escuchado a Willy hablando mal del gobierno. Después de todo, su familia sabía que no estábamos de acuerdo con los rebeldes. Miramos a Antonio, entristecidos de que hubiera decidido entregarnos. Lo seguimos según sus instrucciones, mientras nos tomábamos de la mano, esperando lo peor.

Luego de caminar un par de cuadras, Antonio se detuvo frente a la casa de Rita, que estaba llena de vecinos festejando la victoria. Antonio se volvió hacia nosotros y sonrió.

—Era una broma, chico. No se preocupen —dijo.

Abrazó a Willy primero y después a mí.

Capítulo 15 – Los campos de la muerte

—Vamos cambien esas caras que hoy todo está olvidado. Hoy, todos somos iguales. Sus palabras tuvieron un impacto extraño en mí, y no sabía por qué. Nos unimos a la celebración, pero intercambiamos miradas entre nosotros durante las festividades. No confiaba en Antonio ni en los rebeldes. Más tarde, comprendí por qué, cuando los rebeldes comenzaron a visitar las casas de sus opositores. Se llevaron a muchos hombres en autobuses a los campos de exterminio, donde todos perderían su vida. Muchos de los simpatizantes de los rebeldes se reunieron en aquellos campos para presenciar las ejecuciones, incluyendo mujeres con sus bebitos en los brazos. De la noche a la mañana, la isla se convirtió en un campo de ejecuciones.

Temía por mi padre. No sería hasta un mes después que Willy y yo podríamos viajar a Arroyo Blanco para visitarlo. Para entonces, muchos de los simpatizantes de Batista habían sido sacados de sus hogares o huido. Los rebeldes se apropiaron de sus casas y de sus pertenencias.

Cada día, Willy verbalizaba más su desacuerdo con el nuevo gobierno, lo que conllevó disputas entre algunos miembros de su familia y él. Me preocupaba que, si continuaba hablando así, terminaría en un campo de exterminio.

Capítulo 16 – La Revolución

Un éxodo masivo —de aproximadamente 1.4 millones de personas saliendo de la isla para emigrar a los Estados Unidos— y ejecuciones públicas de aquellos que se oponían a la revolución, caracterizaron los primeros años de la nueva administración. A finales del 1960, el gobierno de Fidel Castro había nacionalizado la mayoría de las empresas.

Comencé entonces a prestar más atención a la política y a lo que estaba sucediendo en mi país. Hasta ese momento, el vivir con mis padres me había protegido de lo que sucedía a mi alrededor, pero la venda que tenían mis ojos se había caído.

La realidad del nuevo gobierno nunca se volvió más palpable que en el último domingo de octubre del 1960, cuando Willy y yo fuimos a visitar a mi padre. Tres semanas antes, el 6 de agosto, la compañía *Macareño Industrial Corporation of New York* había sido nacionalizada, junto con las compañías telefónicas y eléctricas, y 36 ingenios azucareros cuyos propietarios eran estadounidenses. Sin embargo, mi padre se negó a trabajar para el gobierno.

El día que los anteriores dueños partían de regreso a los Estados Unidos, pasaron por nuestra casa.

—Como saben, perdimos la compañía y todo lo que teníamos —dijo el Sr. Dutch—. Fue un placer haber trabajado con alguien como usted. Esperamos volver a verlo algún día. Lo vamos a extrañar mucho.

Sus palabras fueron seguidas por apretones de manos, lágrimas y abrazos.

Luego de aquella despedida, mi padre no quiso quedarse en la casa que los revolucionarios le robaron a la compañía que le había dado tanto, por lo que se fue a vivir con su padre. Unas semanas después, las tierras, las herramientas y el ganado de mis abuelos fueron nacionalizados. Al principio, le permitieron a mi abuelo que se quedara con una vaca. Más tarde, también fue confiscada.

Todo el mundo trató de ocultarle a mi abuela lo que estaba sucediendo, pero pronto ella se dio cuenta. Ya no tenía trabajadores que pudieran traerle cigarrillos, así que cada vez que alguien venía de visita, ella le preguntaba: —¿Me das un cigarrillo?

La demencia se estaba apoderando de la mente de mi abuela. La salud de mi abuelo también comenzó a deteriorarse, por lo que enfermó y se deprimió tanto que ya no tenía fuerzas para levantarse de la silla.

Capítulo 16 – La Revolución

Un día, me miró, me agarró de la mano y me dijo: —Mi querida nieta, sé que es difícil ver lo que esta gente nos está haciendo. Debes ser fuerte.

Incapaz de soportar lo que le estaba pasando a la finca por la que había trabajado tan duro, observando la falta de mantenimiento y la pobre administración de sus tierras por parte del nuevo gobierno, y el tener que soportar aquellos habitantes del pueblo que se alegraban delante de él de que le hubieran quitado sus tierras, le costó mucho a mi abuelo. Se veía tan frágil que todos pensábamos que él se iría primero. Sin embargo, mi abuela siempre les decía a todos que no se quería morir antes que él.

A pesar de su demencia, de alguna manera sintió que los días de su marido estaban contados. Una noche, se marchitó mientras dormía. Abuelo no podía seguir viviendo en la casa que había compartido con el amor de su vida, así que se mudó a la casa de Tía Rosita. Doce días después de que su amada esposa tomara su último aliento, él se unió a ella en el cielo.

El cuerpo de mi abuelo fue llevado a la finca donde él y la abuela habían vivido, y la familia vino a presentar sus últimos respetos. Mientras mi abuelo yacía dentro del ataúd en la sala, Sultán, su perro leal, aulló toda la noche, un sonido que podía erizar la piel del mismísimo diablo.

Capítulo 17– Los campos de trabajo

Después de que el nuevo gobierno estableciera el sistema de azúcar a granel y eliminara el uso de sacos de yute para su transporte, perdí mi trabajo en el puerto. Entonces el azúcar comenzó a transportarse a través de un sistema de tubos que hacían el proceso más eficiente.

Cuando me despidieron, mi hermano Julio, quien trabajaba en la Ciudad de Camagüey en el Departamento de Repoblación Forestal, plantando árboles por la provincia, me consiguió un trabajo allí. Entonces, Madeline y yo nos mudamos del puerto de Guayabal a la ciudad.

La Ciudad de Camagüey, la joya de la provincia que llevaba su nombre, era muy diferente a cualquier otro lugar de la isla. La gente la llamaba la Ciudad de los Tinajones.

Los tinajones eran vasijas grandes, de color arcilla, con amplias bocas diseñadas para atrapar la lluvia. Producidos en cantidades masivas en el siglo XVII, se convirtieron en el símbolo de Camagüey. Casi todas las casas de la ciudad tenían al menos uno. La ciudad tenía varios edificios bien preservados de la época colonial que la hacían lucir majestuosa, tan diferente al pequeño pueblo de Arroyo Blanco. En aquel entonces, mi hermano Julio todavía creía en el nuevo gobierno, pero pronto eso cambiaría.

A medida que la revolución fortaleció su control del país, Cuba se volvió más dependiente de la Unión Soviética, y en el 1961, Castro declaró frente al mundo que era marxista-leninista. En ese momento, mis hermanos se dieron cuenta de que tenían que salir de Cuba.

En abril del 1961, más de 1.300 exiliados cubanos entrenados por la CIA desembarcaron cerca de la Bahía de Cochinos con el objetivo de derrocar al gobierno de Fidel Castro. Algunos de ellos resultaron muertos, y otros fueron capturados. Luego de aquella operación fracasada, comenzaron las redadas.

Yo nunca me metía con nadie, mientras que no se metieran conmigo, por lo que no entendí por qué fui uno de los miles de hombres que fueron arrestados ese día. Mi pobre y dulce Madeline gritó, lloró y se aferró a mí para que los soldados no me llevaran.

Un grupo de cuarenta y siete hombres, incluyéndome, fuimos llevados a una prisión en la Central Francisco y colocados dentro de una celda que medía unos diez pies cuadrados. El lugar era tan pequeño que tuvimos que dormir de pie. Decidimos no quitarnos los zapatos. Nuestros pies se hincharon tanto que, si nos los hubiésemos quitado, no hubiéramos podido volver a ponérnoslos.

Durante los dos primeros días, tuvimos algunas conversaciones breves entre nosotros. Como al tercer día no nos habían dado nada de comer, nos dimos cuenta de que necesitábamos conservar nuestra energía, así que dejamos de hablar.

El hambre nos causó mucho dolor en el estómago, y bebimos agua para tratar de saciarla. Después de un tiempo, nos acostumbramos.

Al sexto día, un teniente llegó para inspeccionar las condiciones en la Central Francisco. El hombre negro de ojos amables debe haberse dado cuenta de que, si nuestras condiciones de vida no mejoraban pronto, nos comenzaríamos a morir. Preguntó si alguno de los hombres encarcelados tenía una finca, y de ser así, si estaría dispuesto a traernos comida. Uno de los hombres, cuya familia vivía cerca del campamento, accedió a proporcionarlo, y durante los siguientes cinco días, nos alimentaban con leche y pan todos los días.

El mismo día que llegó el teniente, Madeline y mi madre vinieron a visitarme. Ambas estallaron en lágrimas cuando me vieron.

—Muchos hombres están encarcelados por toda la provincia —dijo Madeline—. Incluso, los parques han sido convertidos en prisiones y rodeados con alambre de púas.

Me explicó que todos menos tres de mis hermanos habían sido encarcelados.

—¿Por qué viniste? —le pregunté—. No quería que me vieran en este estado.

—Nadie me puede impedir que te venga a ver, hijo mío —dijo mi madre—. Pienso visitar a todos tus hermanos encarcelados.

—Mamá, regresa a casa, por favor.

Se quedaron allí, observándome desde lejos, hasta que un guardia les ordenó que se fueran.

Durante una de las noches que pasamos en la pequeña celda, nos pasó un avión por encima. Los hombres que nos custodiaban deben haber pensado que era un avión enemigo que venía a rescatarnos, o sabe Dios qué provocó su reacción. Inmediatamente, dos ametralladoras fueron colocadas: una a cada lado de nuestra celda, entre las barras de metal. Ninguno de nosotros pensó que sobreviviríamos la noche. Uno de los hombres de nuestro grupo estaba tan asustado que se desmayó.

Al fin, fuimos liberados once días después de nuestra llegada.

Durante mi viaje a casa, de dieciséis kilómetros de distancia, me di cuenta de la suerte tan grande que habíamos tenido. Si ese teniente no hubiese llegado a tiempo, nos habríamos muerto de hambre. Días después me enteraría que cuando los líderes de la milicia supieron que el teniente nos había ayudado, lo acusaron de ser un traidor y fue ejecutado.

En mi ruta a casa, transité por caminos de tierra y bosques. Agotado, me detuve a pedir agua en una pequeña casa que encontré en el camino.

Me había vuelto irreconocible por la poca comida y las noches de insomnio, pero todo en lo que estaba pensando cuando dejé mis captores, era en Madeline. La idea de sus ojos color de avellanas y su hermosa sonrisa y la necesidad de tenerla en mis brazos me mantuvieron con vida y motivaron a mis hinchadas piernas a seguir moviéndose.

Cuanto más caminaba, más me dolían las piernas y los pies. Mis zapatos apenas me servían por la inflamación, haciendo cada paso cada vez más insoportable. Tomé pequeños descansos en el camino, y me senté en rocas o en la tierra debajo de los árboles.

Después de un tiempo, el sol comenzó a ponerse en el horizonte. No sé cuántas horas caminé. A juzgar por la posición del sol cuando me fui, más de cinco.

Al acercarme a nuestra casa, un manantial de energía se apoderó de mí, y comencé a caminar más rápido.

—Madeline —me decía a mí mismo.

Ella no me esperaba. Dada la forma en que me veía, temía asustarla. Necesitaba apurarme, con la esperanza de llegar a casa antes de que se fuera a la cama.

La puerta de entrada estaba cerrada cuando llegué, y yo no tenía mis llaves. Miré a través de las ventanas y la vi en un sillón. Una vela en la pequeña mesa junto a ella alumbraba su rostro, y noté que se había quedado dormida. Le di la vuelta a la casa y encontré una ventana abierta. Luego de encararme y entrar, caminé hacia Madeline, oliendo a muerte, y me paré frente a ella, con miedo de tocarla.

—Madeline —susurré.

Se movió un poco en su silla. Llamé a su nombre otra vez. Cuando abrió los ojos, una mirada de terror transformó su expresión. Estaba a punto de gritar, cuando dije —Soy yo, Willy.

Aún con lo sucio que estaba, ella se levantó de su asiento y me abrazó. Al principio, lloró mucho en mis brazos.

—Estoy bien, Madeline. Ya todo pasó.

Lloró un poco más, y cuando pudo hablar, las primeras palabras de su boca fueron:

—¡Gracias Dios, por devolvérmelo vivo!

Caminamos a nuestra habitación, y ella me ayudó a quitarme los zapatos. En el momento en que lo hizo, pude sentir el líquido que viajaba de mis piernas a mis pies. Miré a mi alrededor, y no podía creer que estuviera en casa.

Mientras me daba una ducha, Madeline me calentó un poco de comida. Luego de tantos días sin bañarme, el agua fresca se sentía divina sobre mi cuerpo adolorido. A medida que los recuerdos de los últimos días pasaron por mi mente, lloré de ira. Cerré los puños y golpeé las paredes al pensar que había cumplido la promesa que le hice al padre de Madeline. Tampoco sabía si la podría proteger si nos quedábamos en Cuba.

Madeline y yo hablamos durante mucho tiempo esa noche, hasta que nos quedamos dormidos en los brazos del otro.

La mañana siguiente, cuando me desperté, me habló de mi hermano Leo. Ella y mi madre fueron a visitarlo después de su liberación. No sólo estaba tan delgado como yo, sino que había dejado de ser el mismo hombre. Mi hermano se había acercado a ella muy lentamente.

—¿Sabes algo sobre Willy? —preguntó.

Ella le dijo que me había visitado.

—¡Está muerto! ¡Sé que está muerto! Lo mataron. Esos hijos de puta lo mataron.

Ella temía que se había vuelto loco. Madeline lloraba cuando me lo contó. Después nos enteramos de que había sufrido tortura psicológica. Sus captores le describieron en detalle cómo había muerto cada uno de sus hermanos. También le pusieron una pistola vacía a la cabeza varias veces y apretaron el gatillo. Había soportado otras experiencias horribles que nunca compartiría con nadie. Sin embargo, dijo que la tortura física y psicológica continuó durante varios días hasta que llegó a asustarse de su propia sombra.

Capítulo 18 – Mi amigo, Marino

Después de mi liberación de la cárcel, empecé a trabajar en la finca de Marino García, quien era propietario de una colonia y varias hectáreas de tierra y se dedicaba al ganado y la caña de azúcar.

Marino, de ochenta y cinco años y de ascendencia española, era muy generoso y bien conocido por su apoyo al sistema comunista. Durante los años que vivió en Cuba, compró tierras y creó una empresa. Un logro que lo enorgullecía era el poder proporcionarles comida a los hombres que trabajaban para él.

Cuando Castro llegó al poder, los obreros de Marino se unieron a la revolución, pero todavía muchos vivían en la colonia. Uno de ellos, Tony, era conocido por llevar prostitutas a la colonia para ofrecérselas a otros hombres por dinero. Tony denunció a Marino ante las autoridades, alegando falsamente que no les proporcionaba alimento a sus trabajadores.

Capítulo 18 – Mi amigo, Marino

Marino les daba vales de comida a los hombres que trabajaban. Sin embargo, Tony, ocupado con su negocio de prostitución, se negó a trabajar.

El día que llegó la orden de aprehensión de Marino, yo lo esperé en la entrada de la finca. Cuando vi las luces de su *Jeep* acercándose, agité los brazos en frente de él. Entonces le conté sobre la orden de arresto. Las autoridades lo esperaban dentro de la colonia para atarlo de manos y llevarlo a pie a la comisaría de policía del Central Francisco, situado a dieciséis kilómetros de distancia. Sabía que Marino no estaba en condiciones de hacer ese viaje, por lo que decidí ayudarlo.

Luego que le conté sobre la orden de arresto, Marino le ordenó a su chofer que lo llevara a la comisaría, donde se entregó voluntariamente. Explicó su práctica de darles vales de comida a aquellos que trabajaban. Sin embargo, se ofreció a proporcionarles alimentación a todos los que vivían en su colonia si la revolución aceptaba pagar la mitad del costo. El jefe de la policía no estaba interesado, pero permitió que Marino regresara a casa.

Algún tiempo después, las tierras de Marino fueron reposeídas por la revolución. Solo se pudo quedarse con su casa y una pequeña parcela de tierra detrás de esta.

Casi todos los hijos de Marino viajaron a los Estados Unidos; una bofetada para alguien que una vez se opuso al capitalismo. La salud de Marino no pudo soportar la pérdida de todo aquello por lo que había trabajado. Nunca supe cómo murió. La gente dijo que tuvo una larga agonía, pero a pesar de los años que han pasado desde que lo conocí, nunca olvidé a este hombre traicionado por el sistema en el que tan ciegamente creía.

Capítulo 19 - Guillermito

Acabábamos de terminar nuestra cena cuando escuchamos a alguien tocar a la puerta. Comencé a recoger los platos, mientras que Willy se dirigió a la sala. Momentos después, escuché una voz familiar y dejé lo que hacía para reunirme con mi esposo.

—¡Qué sorpresa! —dije, dándole un abrazo a mi cuñado, Enrique. Estaba parado frente a Willy, vestido de negro y sosteniendo un java grande del color de su ropa—. Déjame traerte un poco de café.

—No te preocupes que no hay tiempo. Hay un barco esperándome cerca del Puerto de Guayabal para sacarme de Cuba. Hay espacio para ustedes. ¿Por qué no vienen conmigo?

Su preocupación por Willy me conmovió, pero no podía irme sin despedirme de las personas más importantes de mi vida. Su repentina decisión de huir no me sorprendió. Enrique había estado organizando un grupo de hombres para irse a la Sierra de Cubitas, una de las pocas zonas montañosas de Camagüey. Su objetivo era organizar una resistencia contra el gobierno y unirse a otro grupo que esperaba allí, escondido en cuevas.

Enrique explicó que alguien del G2, las fuerzas secretas de Cuba, se infiltró en su grupo y lo denunció a las autoridades. Sin embargo, una mujer revolucionaria que era su amiga, le envió un mensaje informándole que había una orden para su arresto. Si no se iba de Cuba de inmediato, se arriesgaría a enfrentarse al pelotón de fusilamiento. Willy me miró con vacilación, e hice un gesto negativo con la cabeza. Con decepción en sus ojos, Willy se volvió hacia su hermano y dijo: —No, si fuera yo solo, iría, pero no puedo exponer a Madi a ese peligro. No te preocupes por nosotros.

Enrique abrazó a su hermano, y luego a mí.

—Nos volveremos a ver pronto —dijo—. Ten cuidado, y no le digas a nadie que vine aquí.

Después de que Enrique se fuera, nos sentamos en la sala por un tiempo. Temíamos que su presencia en nuestra casa nos hubiera puesto en peligro. ¿Qué nos pasaría si alguien lo estuviera siguiendo?

Para entonces, Mauricio, otro hermano, había abandonado a Cuba en un barco y residía en Jamaica. Mauricio se fue con el Capitán Ubaldo Reina, quien, aunque formaba parte del nuevo gobierno revolucionario, decidió irse con su familia después de que Castro declarara su lealtad al comunismo. La noche en que el Capitán Reina se fue, todavía usando su uniforme militar, les ordenó a los hombres que custodiaban el puerto que regresaran a sus casas porque necesitaban descansar y prepararse para una invasión al día siguiente. Los hombres lo creyeron y abandonaron sus puestos. La historia del capitán que se convirtió en desertor y se fue con Mauricio sería repetida por Willy y sus hermanos durante años.

Enrique se uniría a Mauricio en Jamaica. Ambos habían dejado a sus esposas en Cuba con planes de sacarlas tan pronto como les fuera posible. Cirilo, el primer hermano en irse, había salido de Cuba con su esposa y su hijo. Su esposa, una jueza con estrechas conexiones con el gobierno de Batista, facilitó el viaje a través de sus conexiones y bajo los auspicios del gobierno de los Estados Unidos.

Un par de meses después de que Enrique se fuera, presentamos nuestros papeles para salir de Cuba. Para entonces, habíamos perdido la esperanza de que yo quedara embarazada, ya que lo habíamos estado intentando durante tres años.

Tres meses después de que solicitáramos nuestros pasaportes, comencé a enfermarme por las mañanas. Esto continuó durante unos días, así que visité al médico. Nos informó que nuestro sueño de convertirnos en padres pronto se haría realidad. Por mucho que quisiera ser madre, me preocupaba que mi embarazo retrasara nuestro viaje.

Nunca había visto a mi madre tan feliz como cuando se enteró de la noticia. Después de ese día, comenzó a tratarme como a una hija. Poco después, mi hermana se mudó conmigo para asistir a la escuela en la ciudad. Ya había cumplido doce años, pero no había perdido la alegría y la bondad de la niña que me pidió que me defendiera cuando yo vivía con mis padres. Su mudanza y el próximo nacimiento proporcionaron excusas para que mis padres me visitaran con más frecuencia.

A medida que se acercaban mis nueve meses de embarazo, mi madre nos recordó que necesitábamos muebles para el bebé. Mi padre se ofreció a ayudar, pero Willy quería demostrarle que no lo necesitaba.

—Gracias, Victorino. Yo me encargo de eso —le dijo.

Una semana después, luego de ir a todas las tiendas y hablar con los vecinos, Willy regresó a casa con mirada de decepción. No había cunas en las tiendas.

—Hablaré con mi padre —le dije.

Papá había acumulado una buena cantidad de dinero durante el tiempo que trabajaba para los americanos. El dinero nos podía abrir puertas. Aun así, Willy rechazó la ayuda de mi padre. Unos días después, en una reunión familiar, nos enteramos de que uno de los primos de Willy tenía planes de salir de Cuba. Cuando supo que necesitábamos muebles para nuestro bebé, nos donó una cuna y una cómoda. El día que Willy los trajo a casa, me besó y me dio un fuerte abrazo.

—¿Ves? Le dije a tu padre que me encargaría de todo.

—Así es. ¡Lo lograste!

El 20 de julio de 1961, nuestro hijo, Guillermito, nació en la Colonia Española de Camagüey. El momento en que la enfermera lo puso en mis brazos fue el más feliz de mi vida. Nuestros padres vinieron a visitarlo. Hasta entonces, los dos grupos de padres no se habían conectado como familia. Mi padre todavía pensaba que yo merecía a alguien mejor, pero nuestro hijo se convirtió en el puente que uniría ambas familias.

Ese hermoso bebé, que al principio nos pareció tan lleno de vida, pronto se enfermó. Yo no podía satisfacer su hambre con mi propia leche y tenía que darle cualquier leche que pudiera encontrar. No las toleraba, por lo que comenzó a tener diarreas frecuentes y tenía que pasar la mayor parte del tiempo en el hospital. Me sentía inadecuada como madre, incapaz de sostener la vida de mi propio hijo. Durante las largas horas que me quedé a su lado rezando por un milagro, me miró, como si me pidiera ayuda. Todo lo que yo podía hacer era decirle —Lo siento.

Uno de sus médicos me dio algo de esperanza cuando sugirió un medicamento que podría salvarlo. Al enterarme que no estaba disponible en Cuba, llamé a Enrique y le pedí que lo enviara desde Jamaica. Mientras tanto, recé para que mi hijo pudiese permanecer con vida el tiempo suficiente.

Una noche, la enfermera entró en la habitación a petición mía porque el bebé no dejaba de llorar. Le grité: — ¡Por favor, haz algo!

La enfermera me miró y me dio unas palmaditas en la espalda.

—Cariño —dijo ella—. Tienes que dejarlo ir. Ya es hora.

— ¿Cómo se atreve a decir eso?

La enfermera hizo un gesto negativo con la cabeza y miró hacia abajo mientras yo acariciaba a Guillermito y oraba. Después de un tiempo, al fin su llanto se detuvo. Como si le hubiera ocurrido algo, la enfermera dio un par de pasos hacia mi hijo y agitó su mano delante de sus ojos. El bebé no parpadeó. Sus ojos se mantuvieron abiertos, llenos de lágrimas, mientras el malestar desfiguraba su rostro. Sostuve sus manitos en las mías.

—¿Por qué no parpadea? —le pregunté a la enfermera, tratando de contener las lágrimas.

—Se ha quedado ciego.

Abrí la boca y la cubrí con mis manos, mientras mis ojos se llenaban de dolor. Luego me incliné sobre el cuerpecito de mi bebito y lloré.

Unos días después, cuando llegó la medicación que mi hijo necesitaba, él yacía inerte en una funeraria.

Si el día de su nacimiento fue el más brillante de mi vida, el día en que lo perdí fue el más oscuro. No me había alejado de su lado durante más de una semana. Quería que sintiera el amor de sus padres mientras pudiera. No quería que tuviese miedo, ni se sintiese solo.

Cuando nuestro hijo tomó su último aliento, lo sostuve en mis brazos durante mucho tiempo, mientras que, sentado en una silla a mi lado, Willy lloraba.

Al principio, no podía aceptar que se había ido, ni siquiera después de que su espíritu abandonara su cuerpo, y se convirtiera en un caparazón de lo que era. Quería irme con él para que no se sintiera solo. Quería asegurarle que yo siempre estaría a su lado, protegiéndolo.

Perder a mi hijo me hizo sentir como si mi piel y mis entrañas hubieran sido destrozadas.

Mi bebito permaneció en mis brazos casi treinta minutos. La enfermera regresó, me tocó el hombro y me pidió que se lo diera.

—Llamaré a la funeraria —dijo—. Dámelo, ya lo vendrán a recoger. ¿Tienes familia cerca? Deberías pedirles que te acompañaran.

Willy se levantó de su silla, se limpió las lágrimas y miró a la enfermera de una manera amenazante.

—¡Ese es mi hijo! —gritó—. ¿Quién diablos es usted para decirme qué es lo mejor para mi hijo? Él no se irá de aquí.

Me quitó el bebé y lo meció en sus brazos.

—No te preocupes. No te dejaré solo. No tengas miedo.

La enfermera y yo nos miramos. Ver a Willy en ese estado me llevó a concluir que los había perdido a ambos.

Escuché a alguien decir que no sabemos cuán fuerte somos hasta que no nos encontremos en situaciones donde ser fuertes es nuestra única opción. Tuve que buscar esa fuerza muy dentro de mí, ya que mi hijo me necesitaba una última vez.

Era casi medianoche cuando salí de la Colonia Española a pie. Nadie vagaba por las calles en ese momento, y mis lágrimas nublaban mi vista. Las casas de chalé en esta elegante zona de la ciudad tenían las luces del portal apagadas. Siempre había admirado sus cuidados jardines, pero esta noche, nada me daba alegría. Por un momento, no sabía qué hacer, ni adónde ir. Entonces me di cuenta de que la esposa de Mauricio no vivía lejos. Necesitaba hablar con ella, con alguien. Si ella pudiese venir conmigo, y si Willy la escuchara... Mis piernas se sentían pesadas al caminar las tres cuadras. Cuando llegué, encontré las luces apagadas. Toqué a la puerta varias veces, pero nadie respondió.

Muchos pensamientos recorrieron mi mente mientras regresaba al hospital. Tuve tantos sueños para mi bebé. Él nunca sentiría la alegría de dar los primeros pasos, de comer alimentos sólidos, de jugar al sol, de besar a una chica o tener hijos. Vino a este mundo durante tres meses para demostrarme cómo se sentía amarlo y lo difícil que sería dejarlo ir.

Capítulo 19 - Guillermito

Después de no encontrar a nadie en la casa de Mauricio, regresé al hospital. Cuando llegué, noté el vehículo de la funeraria frente al edificio. Willy se encontraba junto a la puerta del pasajero y la enfermera a su lado.

—¿Qué pasó? —pregunté.

—Su esposo insistió en acompañar a su hijo a la funeraria —dijo la enfermera—. Ustedes dos pueden ir en el asiento delantero, y su bebé viajará atrás. Los empleados lo cuidarán bien.

***

Willy cambió después de la muerte de nuestro hijo, lo que me obligó a ser más fuerte de lo pensé que podría ser. Mi esposo nunca podía hablar de nuestro hijo sin estallar en sollozos. Siempre recordaría la tristeza en sus ojos, sus desesperadas súplicas de ayuda y nuestra incapacidad de salvarlo.

Capítulo 20 – Huracán Flora

Las noticias se esparcieron por nuestra ciudad como el polvo en un día ventoso. Después de pasar sobre la isla de Granada, el huracán Flora llegó a Haití con una categoría cuatro. Cuba era la siguiente, y nuestra provincia se encontraba en su trayectoria. En Haití, los fuertes vientos y la energía de la marejada ciclónica de doce pies de altura destruyeron ciudades costeras, mientras que en las noticias se estimaba una cifra de muertes de más de tres mil personas.

Willy y yo escuchamos los frecuentes anuncios en la radio. Se esperaba que los vientos repuntaran una vez que la tormenta cruzara el tramo del océano entre Haití y el sureste de Cuba. Temíamos por nuestras familias.

El 4 de octubre de 1963, Flora tocó tierra 48 kilómetros al este de la bahía de Guantánamo como un huracán de categoría tres.

Pompeyo fue de casa en casa pidiéndole a la gente que viniera a la suya hasta que pasara la tormenta.

—¿Pero planeas quedarte aquí? —le preguntó a cada vecino—. ¿Estás loco? Ven para nuestra casa. Podemos ayudarnos unos a los otros si permanecemos unidos.

Casi todos los que vivían en nuestra cuadra, incluyendo muchas de nuestras amistades, salieron de sus casas y se reunieron en la de Pompeyo que era una de las más grandes de la zona. Él vivía con su esposa, Mercedes, en una bonita casa de madera con techo de paja y pisos de cemento pulido.

Pompeyo ocupaba un alto nivel con la nueva administración, pero a diferencia de muchos altos funcionarios, él construyó su casa previo a que Castro llegara al poder. Antes de salir de nuestro hogar, Willy agarró un pollo y lo colocó en una bolsa para regalárselo a Mercedes, mientras que otras personas llevaban arroz y otros alimentos.

Conforme las familias llegaban, se sentaban en sillas de madera dispersas por la amplia sala y el comedor. A Mercedes le encantaba hablar y levantarle el ánimo a la gente. A pesar de que teníamos puntos de vista opuestos con respecto a la política, me pareció refrescante conocer su sentido de humanidad. Durante los últimos días de la vida de mi hijo, ella y su esposo habían venido al hospital para acompañarme en la oración, un gesto que nunca olvidé. El gobierno de Castro no apoyaba la práctica de la religión, lo que hizo sus oraciones aún más significativas.

La generosidad de Mercedes también se hizo sentir en este día. Fue a la cocina e hizo café para todos, haciéndonos sentir como parientes.

Una hora después de nuestra llegada, al darse cuenta de que los vientos estaban aumentando, Pompeyo pidió voluntarios para que lo ayudaran a reforzar el techo. Willy y algunos otros hombres se ofrecieron a ayudar. Cuando terminaron, regresaron empapados por el fuerte aguacero.

Llovió durante horas, unas veces más fuertemente que otras. Esa noche, escuchamos un anuncio en la radio que nos puso nerviosos a todos:

—Los ríos se están desbordando.

En cuanto concluyó el reporte, perdimos la electricidad.

Ese día, Mercedes había preparado un gran banquete de arroz amarillo y pollo en su estufa de gas.

Ya para el segundo día la comida se había acabado. Al principio, la gente se distrajo jugando al dominó y contándose historias, pero a medida que pasaban las horas, la inquietud nos afectó a todos.

El nerviosismo de la gente creció después de que Pompeyo entró en la sala con una capa de agua y anunció que iba a la torre del aeropuerto para obtener una actualización sobre el huracán. Pensamos que había perdido la cabeza. Los vientos soplaban con tanta fuerza que doblaban los pequeños árboles del frente de la casa. Mercedes le rogó que no se fuera, pero el hombre de cincuenta y cinco años no quiso escucharla.

Después de que el dueño de la casa se fuera, algunos de nosotros comenzamos a mirar por la ventana de vez en cuando, esperando ansiosamente su regreso. Una hora más tarde, la puerta se abrió, y Pompeyo entró.

—Tengo las últimas noticias! — anunció—. La tormenta está estacionaria, y nadie sabe cuánto esto durará. Tenemos que resolver por nosotros mismos, ya que nadie nos podrá ayudar si pasa algo.

Un gran sentido de responsabilidad por sus semejantes emanaba de él.

—No se preocupen. Esto pasará — agregó.

La tormenta permaneció sobre la isla durante mucho tiempo, causando que un dique se rompiera en la parte norte de la provincia.

Una vez que los vientos huracanados nos alcanzaron, el techo comenzó a temblar. Todas mujeres y los niños comenzamos a gritar. Más tarde nos enteraríamos de que una granizada, con granizos del tamaño de una guayaba, había matado a varias personas en otras partes de la provincia. Al escuchar los vientos rugientes, comencé a orar. Algunas de las mujeres se unieron a mí.

—Dios no existe. No pierdas el tiempo— dijo un hombre, riéndose de nosotras.

—No deberías reírte —dijo Willy.

El hombre agitó la mano, descartando lo que Willy le dijo. Momentos más tarde, grandes bolas de granizo comenzaron a caer sobre el techo. Puede haber sido una coincidencia, pero el hombre se arrodilló y le pidió perdón a Dios.

Dentro de nuestro grupo estaba el hijo de una mujer mexicana que guardaba una lista donde anotaba los cumpleaños de todos en el vecindario. Él improvisaba fiestas en el vecindario para celebrarlos. No le importaba si la gente quería que reconocieran sus cumpleaños o no, o si habían sufrido una pérdida en esa época y no querían una celebración. Les daba una fiesta de todos modos, con él como entretenimiento principal: cantaba y tocaba su guitarra, mientras la gente se reunía a su alrededor y bailaba. Algunos se le escondían o se quedaban en el cine hasta pasada la medianoche para evitar la celebración. Sin embargo, durante la tormenta, su canto y su música ayudaron a aliviar el estrés.

No recuerdo cuánto tiempo nos quedamos en casa de Pompeyo. Tal vez tres días. Durante ese tiempo, me preguntaba como estarían nuestras respectivas familias.

Cuando, por fin, el huracán despejó la provincia y pudimos salir de la casa, un grupo de hombres inspeccionó los alrededores, en busca de vacas caídas en fincas cercanas. Las autoridades locales le habían permitido a la gente cocinar cualquier vaca que hubiese caído durante la tormenta. Eso le permitió a nuestro grupo compartir un festín de carne de res y *mofongo* que sació nuestra hambre. El día que regresamos a nuestras casas, le dimos las gracias a Pompeyo por su hospitalidad. Algún tiempo después, las divisiones entre los que querían irse y los que apoyaban a Castro, regresarían.

Ese huracán se convirtió en uno de los sistemas meteorológicos más destructivos que afectaran a Cuba, profundizando la crisis económica que afectaba la isla.

Capítulo 21- Yo quiero a mi papá

Todos los días después del trabajo, Willy se sentaba en el borde de nuestra cama y, durante un largo tiempo, contemplaba la cuna vacía. Mientras tanto, en la sala, sentada en un sillón de bambú, yo leía el ejemplar más reciente de la revista *Bohemia*. El sillón era parte de un juego que mi abuelo me había regalado cuando Willy y yo nos casamos e incluía dos butacas, dos sillones y una mesa de centro cuadrada con tope de cristal.

Cada noche, en cuanto escuchaba el sonido de la ducha, yo iba a la cocina a calentar la cena. Luego, nos sentábamos a comer y a hablar de lo que yo había leído o escuchado en la radio. También compartía con Willy noticias de la familia. No hablábamos de nuestro hijo. Lo manteníamos en nuestros corazones y sufríamos su pérdida en silencio, excepto por aquellos momentos en los que otros padres pasaban con un bebé en un cochecito y escuchábamos su llanto. Aquellos eran los momentos más difíciles.

—Lo extraño —le decía y me refugiaba en sus brazos.

***

Era la primera semana de noviembre de 1964. Fidel Castro acababa de anunciar que Cuba tendría una constitución socialista antes de 1969, y Willy se sentía incómodo. Quería abandonar a Cuba lo antes posible, aún si tuviésemos que irnos por lancha. Antes de que sus planes pudieran tomar forma, algo inesperado sucedió.

Habían pasado más de dos años desde la pérdida del bebé, y a pesar de que habíamos tratado de concebir otro, esto no sucedió, por lo que llegué a pensar que no volvería a quedar embarazada.

Cuando mi período dejó de venir por un par de meses, pensé que mi estrés era el culpable, pero en poco tiempo, noté cambios físicos. Una visita a la clínica *La Colonia Española* confirmó mis sospechas. Estaba embarazada.

Por mucho que quisiéramos salir de Cuba, ambos nos dimos cuenta de que eso no sería posible, al menos en el futuro cercano. La noticia también significaba que tendríamos que utilizar una forma legal de viajar al extranjero, lo que llevaría más tiempo.

Capítulo 21- Yo quiero a mi papá

Cuando Willy vino del trabajo y le dije que tenía dos meses de embarazo, alternó entre períodos de risas y lágrimas.

A medida que mi embarazo avanzaba, Willy se volvió cada vez más temeroso de que el bebé no sobreviviera, lo que lo hacía obsesionarse con mi salud. Su familia me ayudó a comprar comida en el mercado negro, ya que Willy quería asegurarse de que yo tuviera la nutrición adecuada.

A finales de abril de 1965, cuando comenzaron mis contracciones, Mercedes, la esposa de Pompeyo, me vino a visitar. Sospeché que su visita no era la de una amiga, sino de alguien con deseos de obtener cualquier detalle que pudiera comprometer a los miembros de nuestra familia. No me di cuenta en ese momento de que el ligero dolor que sentía en mi espalda tenía algo que ver con mi embarazo.

Nancy estaba en sus clases en ese momento. Me parecía increíble cuánto había cambiado desde que se mudara con nosotros. Un par de semanas antes, yo había organizado una pequeña fiesta para su celebración de quince años en mi casa, y ella parecía tan adulta y asertiva. Tenía una belleza exótica, con el pelo largo y negro y una complexión más clara que la mía.

En el día de su fiesta, no sabía que Nancy, a mis espaldas, había estado saliendo con un chico del vecindario. Para pasar más tiempo con ella, él se inscribió en las clases de mecanografía que Nancy estaba tomando.

El día en que las contracciones comenzaron, me di cuenta de que no podría esperar que ella regresase de la escuela. A medida que mi dolor empeoró, Mercedes llegó a la conclusión de que el bebé vendría pronto y salió corriendo de nuestra casa para buscar a alguien que pudiera llevarme al hospital en un carro.

Más tarde, después de salir de mi casa en el automóvil de un vecino, hicimos una parada en la fábrica de cemento donde Willy trabajaba. Para entonces, había sido despedido de su trabajo en el Departamento de Reforestación porque Willy deseaba irse de Cuba.

Treinta minutos después de mi llegada al hospital, Phil Enrique nació, sin dar tiempo a que la familia llegara al hospital. Su primer nombre provenía de uno de los amigos de Willy, ya que no queríamos nombrar a nuestro segundo hijo igual que el primero. El amigo de Willy, Phil, era un joven exitoso con educación universitaria y que se oponía a Castro tanto como Willy. El segundo nombre era de uno de los hermanos de Willy, el que hizo todo lo posible para enviar la medicina para Guillermito, aunque esta hubiese llegado demasiado tarde.

Phil era el niño más hermoso que había visto, con mejillas gorditas y una sonrisa radiante. No tenía mucho pelo en la cabeza, pero sus ojos eran más oscuros y grandes que los de su padre y poseían una intensidad que transmitía inteligencia. Mi madre se rio de mí cuando le dije que se veía inteligente. Dijo

137

que era mi ceguera materna lo que me hacía verlo de esa manera. Yo sabía que el tiempo le demostraría que estaba equivocada. Después de las primeras dos semanas, Phil comenzó a dormir toda la noche. Su padre se levantaba cada dos horas, se paraba junto a su cuna y colocaba un dedo debajo de su naricita para asegurarse de que estaba respirando. Luego regresaba a la cama. Temiendo que Phil se fuera a morir, hizo esto hasta que el bebé cumplió seis meses, pero nuestro segundo hijo era fuerte y saludable. En su sexto mes de vida, podía decir mamá y papá.

Mientras me cercioraba de todo lo que estaba sucediendo a nuestro alrededor, me preguntaba qué clase de vida viviría mi hijo en Cuba.

En noviembre de 1965, tras la apertura de UMAP (Unidades Militares para Ayudar a la Producción), que eran campos de trabajo forzado a los cuales se llevaron a los hijos adultos de la clase media alta, homosexuales, objetores de conciencia de la revolución, intelectuales y cristianos, me di cuenta de que Cuba había tomado un camino destructivo.

Más de 30,000 hombres fueron llevados a estos campamentos y obligados a trabajar entre diez a doce horas diarias. Comían arroz con gorgojos y boniato cocido, bebían agua contaminada y vivían en barracones superpoblados, sin electricidad, letrinas o duchas. Muchos hombres se suicidaron, incluyendo el hijo de un amigo de mi padre. Yo temía por el futuro de mi hijo.

Capítulo 21- Yo quiero a mi papá

A los veinte meses, Phil hablaba en frases cortas. Cada vez que entraba en su habitación, su sonrisa me daba vida, haciéndome olvidar a veces lo mucho que habíamos perdido bajo el nuevo gobierno. Ya no podíamos hablar abiertamente contra Castro y la revolución. El gobierno controlaba los medios de comunicación y la escasez se convirtió en una realidad cotidiana. Una paranoia creciente había llevado a innumerables asesinatos. Sin embargo, en medio de todo esto, nuestro hijo nos dio una razón para sentirnos felices, pero esta felicidad disfrazada no estaba destinada a durar.

El día en que nuestras vidas se desmoronaron, Willy llegó del trabajo antes de lo habitual con una carta en la mano. Nuestro hijo de dos años estaba jugando en la sala con su camión rojo favorito, uno que compré después de pasar una noche entera en la cola de los juguetes. Los juguetes sólo venían a la tienda una vez al año, y la selección y las cantidades eran limitadas, por lo que los padres tenían que llegar a la tienda la noche anterior para asegurar un lugar bueno en la fila. Ese camión rojo no fue el mejor juguete que llegó a las tiendas ese año, pero fue el mejor que pude comprar cuando llegó mi turno.

La forma en que Willy me miró al llegar me dijo que algo andaba mal. Me entregó la carta, y la leí en silencio. Entonces me informó que, de acuerdo con la carta, debía reportarse esa misma tarde al lugar indicado vestido con ropas de trabajo.

—¿Por qué tienes que ir? —le pregunté.

—Esas son las instrucciones. No tengo otra alternativa.

Sabía que tenía razón, pero parte de mí esperaba una respuesta diferente. Le dije que lo acompañaría y, mientras se daba una ducha, me apresuré a la cocina para servirle su cena. Más tarde, tomamos el autobús a la dirección indicada en la carta.

Cuando el autobús nos dejó cerca de nuestro destino, y noté la gran presencia militar en la calle y las numerosas familias a nuestro alrededor, me di cuenta de que algo andaba mal. Era como si la provincia entera estuviera allí. Según las instrucciones de la policía, los hombres y sus familias se pusieron en fila. Me paré junto a Willy con nuestro hijo en mis brazos, mientras escuchaba las especulaciones de otras personas paradas en la cola sobre lo que iba a suceder. Cuando vi a la señora frente a mí abrazando a su marido y llorando, le pregunté qué estaba pasando.

—Se los están llevando —dijo.

—¿Dónde?

—No lo sé —respondió ella—. Se los están llevando a todos.

Mis manos se humedecieron. Willy nos abrazó al bebé y a mí y me aseguró que todo estaría bien, pero la presencia militar a mi alrededor sugirió lo contrario. Había perros policía por todas partes y una sensación espeluznante en el aire. El sol comenzaba a ponerse en el horizonte cuando llegamos al frente de la línea y Willy recibió la orden de subirse a uno de los camiones. Nos abrazamos, pero dos militares arrancaron a Willy de mis brazos.

—¡No me lo lleven por favor! —grité.

Mientras tanto, nuestro hijo de dos años extendía los brazos hacia su padre:

—¡Mi papá! ¡No te lleves a mi papá!

Estaba inconsolable, con gruesas lágrimas bañando su rostro, mientras gritaba:

—Yo quiero a mi papá. ¡Yo quiero a mi papá!

Capítulo 22 – El campamento de trabajo

De la noche a la mañana, muchos hombres que, como mi esposo querían salir de Cuba, habían desaparecido sin ninguna explicación. Intercambié mi dirección con otras mujeres en mi situación y oré todos los días por el regreso de Willy. No pasó un día en que mi hijo no preguntara por su padre, demostrando una madurez superior a sus años. Comenzó entonces a dibujar figuritas de palo que representaban lo que había ocurrido: un niño y una madre tomados de la mano, y un padre alejándose. En otro dibujo, mi hijo golpeaba a un policía con un palo.

Días después, la necesidad de ganar dinero para proveer para mi hijo se convirtió en mi mayor imperativo, dándole menos importancia a cómo me sentía al verme sola y sin el apoyo financiero de mi esposo. En aquel entonces, los hombres trabajaban y las mujeres se quedaban en casa criando a sus hijos, y no estaba preparada para aquella situación. Sin embargo, la gente en Cuba decía que *la necesidad es la madre de la invención.*

Comencé a hablar con mis vecinos sobre mis habilidades como costurera y les ofrecí mis servicios, excepto que yo no tenía una máquina de coser. Pronto, eso también cambiaría.

Mis padres venían a visitarme cada dos semanas. Era difícil para ellos venir a mi casa, ya que vivían a casi dos horas de distancia. Cuando le conté a mi madre cómo planeaba mantenerme, hizo algo que nunca olvidaré. En ese momento, un número limitado de máquinas de coser había llegado de Checoslovaquia a una tienda cercana. Las largas colas y los suministros limitados me dificultaban comprar una, pero mi madre habló con uno de sus primos que tenía conexiones. Sospeché que habría pagado una gran suma de dinero, pero nunca me dijo cuánto, ni permitió de que le pagara cuando se apareció en casa con una nueva máquina de coser.

La calidad de mi trabajo hizo que mi negocio se expandiera, y en poco tiempo, me encontré cosiendo de día y de noche. Cuando mis padres me visitaban, a mi padre le dolía verme trabajar tan duro. Trataba de darme dinero para ayudarme, pero le pedí que no lo hiciera, ya que él estaba retirado y lo necesitaría eventualmente.

Mi vida se convirtió en mi costura y en mi hijo. Mientras él dibujaba o jugaba con los pocos juguetes que tenía, especialmente su camión rojo favorito, yo cosía por horas, hasta el cansancio.

Una mañana, treinta días después de la partida de Willy, escuché un golpe en la puerta. La pesimista dentro de mí temía lo peor. Cuando abrí, vi a una mujer que nunca había visto antes, de mediana edad, pesada, con pelo canoso. Dijo que traía noticias de mi marido. La invité a entrar y me apresuré a la cocina para prepararle una taza de café. Después de beberlo, abrió su bolso y me entregó una hoja de papel doblada. La miré, tratando de averiguar si las noticias en esa carta eran buenas o malas, pero su expresión no me ayudó a hacer esta determinación.

Desdoblé la hoja y, en el momento en que vi la escritura, una sensación de alivio me invadió. Mi corazón latía rápido mientras leía con mis ojos:

Querida Madeline,

Desde que me arrancaron de tu lado, he estado pensando en ti día y noche. La idea de volver a ti y a nuestro hijo me mantiene con vida. No quiero preocuparte, pero nos llevaron a un campamento llamado "Las Carolinas" donde dormimos en literas y comemos poca comida. Nos dan una comida al día: un trozo de boniato y un puñado de frijoles, tan pocos, que se convirtió en una práctica contar cuántos había en nuestros platos: menos de lo que comería un niño pequeño.

Capítulo 22 – El campamento de trabajo

Ahora nos han trasladado a otro campamento llamado "Guillermón".

Nos obligan a trabajar todo el día. La otra noche, estábamos recogiendo papas hasta la puesta del sol. Aquí solo nos alimentan una vez al día, como en el otro campamento y paso tanta hambre que he considerado comer papas crudas, pero los soldados nos vigilan y revisan nuestros bolsillos cuando salimos de los campos.

En un par de semanas, se te permitirá visitarme, pero si no puedes venir, lo entenderé.

Quiero que sepas que te amo más de lo que he amado a nadie en mi vida, y sueño con el día en que pueda tenerte en mis brazos nuevamente. Espérame y cuéntale a mi hijo sobre mí. Dile que su papá lo adora.

Con mucho amor,

Willy

Mis ojos estaban llenos de lágrimas cuando terminé de leer su carta, pero las palabras de la mujer me hicieron sentir peor.

—Vi a su marido de pie junto a una valla, con los ojos centrados en la distancia. Parecía como si no hubiese dormido durante días y se veía tan triste que me vi obligada a acercarme a él. Cuando me habló de ti y de tu hijo, me ofrecí a traerte esta carta. Yo no habría sido capaz de perdonarme a mí misma si no lo hubiera hecho.

Después de hablar con esa amable mujer cuyo nombre he olvidado, me dije a mí misma que debía haber sido un ángel enviado por Dios. El saber que mi esposo estaba vivo me energizó y comencé a hacer los planes para mi visita. Hablé con mi familia para que me ayudaran a conseguir tantas latas de leche condensada como pudiera llevar conmigo. Todos me ayudaron y las cociné cada una por cuarenta minutos en la olla de presión hasta que la leche se convirtió en una natilla espesa y caramelizada. También coleccioné galletas de sal y cociné mermelada de guayaba. Un par de días antes del viaje, guardé todo el pan al que tenía derecho a comprar, lo rebané y lo tosté en una sartén.

El día de mi viaje me sentía inquieta. Estaba oscuro cuando salí de la casa en compañía de Concha, una mujer cuyo marido estaba en el campamento adonde habían llevado a Willy. Cuando me iba, mi hijo gritaba y pataleaba, ya que quería irse conmigo a ver a su padre, por lo que Nancy tuvo que agarrarlo, y aunque me dolió dejarlo, no tuve otra alternativa.

Después de un viaje de dos horas en autobús, nos bajamos en un camino rural desolado, de color arcilla. Pastos verdes nos rodeaban con majestuosas palmas reales esparcidas en la distancia. Cuando el autobús desapareció y ya no podíamos oler la peste a combustible que emanaba de este o escuchar el sonido del motor, nos dimos una mirada que transmitía —¿y ahora qué? Concha le había pedido direcciones al conductor del autobús. Todo lo que dijo fue — Toma ese camino y lo encontrarás. Cuando comenzamos a caminar con cargas pesadas colgando de cada uno de nuestros hombros, no podíamos ver nada a lo lejos, excepto cielos sin nubes pintados por el amanecer de color naranja y azul, hierba verde y tierra roja.

Concha era excesivamente optimista y me decía que lo que nos estaba sucediendo se trataba de un pequeño bache en el camino que conduciría a grandes cosas. La pesimista en mí temía lo que encontraría.

Cuando el sol salió del horizonte, comenzamos a sudar. Cuanto más caminábamos, más pesadas se sentían nuestras bolsas. Concha, rubia, alta y delgada, contrastaba con mi figura más llenita y con curvas. Sin embargo, a ella parecía que le faltaba la respiración por causa de la larga caminata. Después de un tiempo, comenzamos a ver a una multitud en la distancia.

En el momento en que llegamos a la entrada del campamento, el portón estaba abierto, y en el momento en que entré, el marido de Concha, un hombre alto y de pelo oscuro, corrió hacia nosotros y la abrazó. Los vi besarse, sintiéndome un poco incómoda, había algo en Concha que no se veía bien. De pronto, su piel comenzó a perder color, y segundos después, se desmayó en sus brazos.

Capítulo 22 – El campamento de trabajo

Él le dio suaves bofetadas en el rostro y cuando no respondió, colocó su cuerpo en el campo enyerbado, le besó la mejilla y repetía:

—Concha, mi amor, ¿estás bien? Despierta.

Momentos después, ella abrió los ojos. Tomé una botella de agua que le había traído a Willy y le di un sorbo. Cuando me preguntó qué pasó, todo lo que se me ocurrió fue —deshidratación—, una explicación plausible, considerando cuánto tiempo habíamos estado caminando.

—Me asustaste —le dije y le di un abrazo.

Estaba a punto de dejarlos solos para buscar a Willy cuando escuché a alguien que me llamaba. Giré la cabeza y miré a la distancia, hacia donde provenía la voz, y noté a un hombre saludándome y sonriéndome. Las características de su rostro, su pelo y su altura me decían que tenía que ser Willy, pero parecía irreconocible. Pesaba 190 libras cuando salió de la casa, y en treinta días, había perdido más de veinte libras. Corrió hacia mí, mientras yo trataba de caminar lo más rápido que podía. Al fin nos abrazamos, tratando de mantener nuestras emociones en control. Nada de besos. Willy y yo estábamos más resguardados frente a otros que Concha y su marido y dejábamos las muestras de afectos más íntimos para los momentos en que nos encontrábamos a solas.

Concha y su marido se unieron a nosotros y conversamos por un tiempo. Luego, ella y yo hicimos planes para reunirnos después de que terminaran las horas de visita.

El tiempo en el campamento pasó demasiado rápido y en lugar de dejarme con una sensación de alivio, me dejó desesperada. La idea de dejar a mi marido allí, después de todas las cosas que me contó sobre las condiciones inhumanas en el campamento, me resultaba insoportable.

Willy también me dijo que las esposas de algunos de los hombres del campamento habían sido sacadas de sus hogares para que realizaran trabajos obligatorios. Si bien esto me aterrorizaba, también me cambiaría. Hasta ese momento, nunca había sido capaz de defenderme a mí ni a nadie, pero si alguien creía que me iba a quitar del lado mi único hijo, tendría que estar listo para la lucha de su vida. Yo lo estaba.

Capítulo 23 - Nancy

Algunas mujeres del vecindario fueron llevadas a trabajar al campo, y yo temía que solo fuera cuestión de tiempo antes de que llegara mi turno.

Pompeyo y su esposa supervisaban el Comité de Defensa de la Revolución (CDR) de nuestra cuadra. Estos comités, creados por el gobierno, consistían en una familia asignada en cada cuadra para monitorear y reportar actividades sospechosas. Si había quienes podían ayudarme, sabía que eran Pompeyo y su esposa.

Visité a Mercedes en una tarde nublada cuando su marido estaba en el trabajo. Me invitó a que entrara, me ofreció café y escuchó mi historia.

—Pero Madeline, no pueden llevarte lejos de tu hijo.

—Eso no les importa.

—Eso es inconcebible. Mira, hablaré con Pompeyo. No te preocupes. Nos encargaremos de esto.

Parecía honesta y aprecié su preocupación, pero después de que me fui, me pregunté si actuaba de esa manera solo para hacerme sentir mejor.

Ella me visitó un par de veces después de ese día para proporcionarme informes de estado. Su esposo había escrito dos cartas a personas importantes que conocía explicando que no tenía a nadie que cuidara de mi hijo. También hizo llamadas telefónicas a personas que le debían favores, y por fin, recibí permiso para quedarme en casa. Se los agradecí inmensamente, incluso ofrecí una alteración gratuita a la esposa de Pompeyo. Mi vida cambió de enfoque entonces. Necesitaba revolver mar y tierra para sacar a mi familia de Cuba.

Me comuniqué con Cirilo, uno de los hermanos de Willy que vivía en los Estados Unidos. Me explicó que estaba haciendo todo lo posible para hacer avanzar el proceso.

A cada familia que había solicitado abandonar Cuba se le había asignado un número de núcleo. Todas las noches, escuchaba las transmisiones en español desde una estación de radio de Miami y esperaba hasta que el locutor revelara los números de las últimas familias que habían llegado a los Estados Unidos. Mis ojos brillaban al escuchar las palabras que seguían: —Nos gustaría dar la bienvenida a todas las familias que acaban de llegar a Miami. Bienvenidos a tierras de libertad. Bienvenidos a los Estados Unidos de América.

Tal vez estas no fueron esas palabras exactas, ya que han pasado tantos años, pero los escalofríos recorrían mi cuerpo cuando las escuchaba. Recuerdo que mantenía el volumen del radio muy bajito porque si algún vecino se daba cuenta que yo estaba escuchando una estación de radio prohibida, mi vida podría complicarse más de lo que ya estaba.

Con todo lo que yo estaba pasando, me había descuidado un poco de mi hermana. Eso fue hasta un día cuando, después de que Nancy llegara de la escuela, recibí la visita de un joven.

Nancy se sentó en un sillón y él en el otro y se miraban con nerviosismo. Le pedí a Phil que fuera a jugar a mi habitación, y él recogió su camioncito rojo, le dio una mirada de enojo al joven y se fue pisoteando sus pies y con los brazos cruzados.

—Sra. Madeline, quería hablarle de Nancy y de mí —dijo. Miró a mi hermana de nuevo, y ella sonrió tímidamente, echando un mechón de pelo largo detrás de la oreja—. Es importante que sepa que nos amamos mucho. Me gustaría obtener su permiso para salir con ella hasta nuestro matrimonio. Me quiero casar con ella lo más pronto posible.

Tuve que controlar la risa mientras observaba a dos chiquillos considerando el matrimonio. Probablemente así mismo se sintió papá cuando Willy vino a nuestra casa por primera vez. Alexis, el novio de Nancy, era un joven afable y alto, tan flaco como la caña de azúcar. Nancy y él hacían una bonita pareja, pero ahora yo comprendía que se necesitaba mucho más que el amor, para que una relación sea exitosa.

—¿Cuántos años tienes? —le pregunté.

—Diecisiete, señorita, pero cumpliré dieciocho en seis meses.

—¿Sabes cuántos años tiene Nancy?

—Sí. Ella cumplirá diecisiete años en ocho meses.

—Así que, ella tiene dieciséis años, ¿verdad?

—Sí, señorita.

—¿Ves adónde voy con esto?

—¿Está diciendo que es demasiado joven, señorita? Puedo asegurar que es muy madura. Todo lo que queremos es estar el uno con el otro.

—Lo amo, Madeline —dijo Nancy.

Respiré hondo.

—Tú sabes, Nancy, que esto es algo que no puedo aprobar. Tendrás que hablar con nuestros padres.

—Pero, si nos ayuda, hermana, esa conversación será más fácil —respondió ella.

Me quedé en silencio por un momento.

—Por favor —dijo Nancy—. Nunca te he pedido nada en mi vida. Sin embargo, siempre te he defendido desde que era una niña. Ayúdame por favor.

—Hay muchas cosas que están sucediendo en este momento, Nancy, y ya sabes cuál es nuestro objetivo.

—¿Quiere decir, salir de Cuba, señorita? —me preguntó Alexis.

Me crucé de brazos y miré a Nancy.

—No soy tan bobo como parezco, señorita. Sé que se llevaron a su marido porque se va de Cuba. Nancy no tenía que decirme nada. Además, siempre haré lo que creo que sea mejor para ella. Estoy preparado para trabajar duro.

En ese momento, no entendí esa respuesta y me convencí de que Alexis compartía mis creencias, pero, era todo lo contrario.

—¿Qué haces para ganarte la vida? —le pregunté.

—Soy carpintero, bueno, pero también voy a la escuela.

—¿Dónde vivirán si se casan?

—Estoy construyendo una casa pequeña —dijo.

Respiré profundamente y miré a mi hermana. Le hice muchas más preguntas al joven, y sus respuestas me satisficieron. Al final de mi interrogatorio, Nancy preguntó:

—¿Nos ayudarás?

—Si esto es lo que quieres... Hablaré con nuestros padres la próxima vez que nos visiten.

Se levantó de su silla y me dio un abrazo. Alexis me lo agradeció.

—¿Puedo visitar a Nancy, señorita?

—Puedes venir los sábados. Durante la semana, ella debe centrarse en sus estudios. Entre mis responsabilidades de costura, mi hijo, y mi preocupación constante, no podría soportar acompañar a mi hermana más de una vez a la semana. Nancy parecía decepcionada y, después de haber experimentado el dolor de estar lejos del hombre que amaba, entendí su frustración.

Después de que el joven se fuera, Nancy dijo que tenía tarea que hacer y me dejó sola en la sala. Era un día caluroso del mes de julio, y a diferencia de otros días, tenía las ventanas cerradas. No quería escuchar a los vecinos ni a los niños jugar. No quería escuchar la felicidad de los demás.

Miré la foto colgada en la pared de Willy junto a mí, tomada el día de nuestra boda. La única foto que tenía de ese día. Entonces me di cuenta de que debía volver a mi costura.

Si Nancy supiera lo dura que podría ser la vida, las complejidades de un matrimonio y las responsabilidades de una esposa, ella no estaría tomando este paso tan rápidamente, pero ella había heredado mi determinación. Vi cómo miraba a Alexis, de la misma manera en que yo miraba a Willy cuando tenía su edad.

Capítulo 24 – El Secreto

Seguí dando vueltas en la cama, sin poder conciliar el sueño, sintiendo que algo andaba mal. Sabía que mis padres estaban bien. Los había visto un par de días antes cuando les conté sobre Nancy y su novio. Mi padre parecía decepcionado, pero no tanto como cuando Willy le dijo que estábamos enamorados. Tal vez ahora lo esperaba. Sabía que llegaría el día en que también la perdería. Además, ella y papá no tenían la relación cercana que yo tenía con mi padre.

Mi hermana menor era la hija favorita de mi madre: su orgullo y alegría. Durante la mayoría de sus años formativos, papá se había vuelto más distante e introspectivo. La revolución lo cambió. Nancy nunca conoció la versión de mi padre que yo tuve la suerte de conocer durante los momentos más felices de su vida.

Después de que Alexis hablara con mi padre, papá pensó en llevarla a casa de mi abuelo por un tiempo, pero ella comenzó a llorar y abrazó a mi madre, sabiendo que haría cualquier cosa para ayudarla.

—No dejes que papá me aleje de Alexis, mamá —exclamó con las habilidades dramatúrgicas de una actriz experimentada, recordándome mucho a mi madre. Yo tenía más que suficiente drama en mi vida para tener que lidiar con una adolescente mimada. Sin embargo, Nancy no tenía otra opción que quedarse conmigo. Además, todo el sistema educativo había cambiado. Los niños tenían que asistir a las escuelas del gobierno, y las que estaban cerca de donde yo vivía eran mejores que las del campo.

Después de mucha discusión, Nancy accedió a quedarse en la finca con mis padres por dos semanas durante las vacaciones de verano. Si al final de esas dos semanas, ella todavía sentía lo mismo, mi padre consideraría permitirle salir con Alexis. Me sentía aliviada. Eso me daría tiempo para adaptarme a la idea de ser la chaperona de mi hermanita. Hasta entonces, Nancy no había sido una niña difícil. Había sido un placer vivir con ella, pero eso estaba a punto de cambiar.

Como se acordó, Nancy empacó una maleta y se fue. Después de su partida, la casa se sentía más vacía. Esa noche, no podía dormir, por lo que me levanté y me fui a la sala. No sabía si leer o seguir trabajando para mis clientes. Al final, encendí la radio y subí el volumen lo suficiente para escuchar la estación de radio de Miami. Después de un rato, perdí la noción del tiempo y me dormí, sólo para ser despertada cuando alguien tocó a la puerta y el sonido de una voz masculina llamó mi nombre. Después de frotarme los ojos, oí la voz de nuevo. Sonaba familiar, pero no creía en la validez de mis sospechas. Cuando abrí la puerta y lo vi, no podía creer que fuera él. Sus ojos parecían hundidos. Sus músculos habían desaparecido, y tenía una delgadez esquelética. Sin embargo, reconocí su sonrisa.

—¿Willy? —dije—. ¡Dios mío! ¿Eres tú?

Asintió con la cabeza y nos abrazamos, pero sentí como si estuviera abrazando a otra persona. Lo dejé entrar, cerré la puerta y lloré en sus brazos por un tiempo, mientras nos decíamos lo difícil que había sido la vida sin el otro.

—¿Te quedas para siempre?

—No —dijo—. Estoy enfermo. Sólo estoy aquí unos días para recuperarme.

—¿Qué te hicieron?

—Entre la falta de comida y los parásitos... Nos estaban dando agua contaminada con residuos de las letrinas.

—Esos salvajes.

Lo agarré de una mano y lo llevé a nuestro dormitorio para ayudarlo a que se quitara la ropa sucia.

—¿Dónde está el niño? —preguntó.

—Dormido. Toma una ducha y come primero. Voy a despertarlo después que termines.

Más tarde, cuando desperté al pequeño Phil, y vio la cara de su padre, sus ojos brillaban con una alegría que no había visto desde que Willy se fue. Sus pequeños brazos se extendieron hacia el cuello de su padre mientras éste lo levantaba de la cama y lo abrazaba.

—¡Mi hombrecito! —dijo Willy—. Mira cuánto has crecido en los últimos meses. ¿Estás cuidando a tu mamá?

Phil asintió con la cabeza. Los ojos de Willy se llenaron de lágrimas mientras acariciaba el pelo negro de nuestro hijo. Luego me agradeció por esperar a que regresara y por cuidar de Phil.

—Cuando me vaya de nuevo, no sé cuánto tiempo pasará antes de que pueda regresar —dijo Willy en un tono de disculpa.

—Mi amor, te esperaré por el resto de mi vida. Nada cambiará eso.

No respondió, pero me miró con un brillo en los ojos que yo conocía demasiado bien. Las palabras no eran necesarias.

Pasamos el resto de la noche recuperando el tiempo perdido. Phil le mostró a su padre las letras del alfabeto y los colores que había aprendido, mientras yo disfrutaba viendo a las dos personas más importantes de mi vida interactuando entre sí. Aunque sabía que pronto tendríamos que despedirnos una vez más, me consolé con la idea de que lo tendría por unos días. Durante los dos días siguientes, me dediqué a él, mientras tomaba un descanso de la costura para satisfacer todas sus necesidades.

Capítulo 24 – El Secreto

El tercer día, un par de oficiales vinieron a la casa a pedirle a Willy que se presentara ante las autoridades.

Por difícil que fue ver a Willy irse la primera vez, la segunda vez se sintió mucho peor ya que ahora temía por su vida. Antes de que se fuera, lo abracé, pensando aquella que podría ser la última vez.

—*Papi,* quiero que te quedes en casa —dijo Phil, mirando a su padre y sosteniendo su mano.

Willy lo levantó y le besó la cabeza.

—Cuida de mami, ¿de acuerdo?

Phil hizo un gesto afirmativo con la cabeza.

Después de que Willy se fuera vestido con una camisa y pantalones limpios que se veían demasiado grandes para él, me senté en una silla y lloré mucho. Mi hijo de tres años se paró frente a mí, me tocó la cara con sus manitos y me pidió que no llorara.

Comencé a llamar a Cirilo casi a diario, rogándole que acelerara el proceso de nuestra salida, explicando que era una cuestión de vida o muerte. Cirilo me aseguró que estaba haciendo todo lo que podía. Dijo que no pasaría mucho más tiempo.

Luis, el hombre que entregaba los avisos de salida en nuestro vecindario debe haber oído hablar de mi desesperación porque una noche, después de que mi hijo se fuera a la cama, vino a mi casa. Al principio no abrí la puerta.

—¿Qué necesita? —le pregunté sin abrir.

—Traigo noticias de su marido.

Abrí la puerta y lo dejé entrar. Se sentó en un sillón y le ofrecí café. Luego de que lo traje, Luis me reveló el verdadero propósito de su visita.

—Podría ayudarte, Madeline —dijo el hombre de mediana edad, tomando un sorbo del líquido humeante—. Eres joven y muy hermosa. Yo sería discreto, por supuesto. Sería una transacción entre dos adultos. Nadie tiene que enterarse de nada.

Podía sentir la sangre corriendo hacia mi cabeza. Me levanté y señalé hacia la puerta.

—¡Fuera de mi casa! —grité.

—No tienes que enfadarte, *mi* amor —dijo, dándome su taza.

La agarré y la tiré contra el piso de concreto, haciendo que la copa de cerámica se rompiera en trozos diminutos. Nunca había actuado así. Sin embargo, cuando amenazó lo que yo apreciaba, cuando trató de comprometer mi sentido de la decencia, algo dentro de mí se rompió.

—Sal de mi casa, y no quiero volver a verte, no hasta que mi esposo esté a salvo en casa, y nos traigas un aviso de que ya podemos irnos.

—Eso no sucederá sin otras condiciones.

Ignorándolo, corrí hacia la puerta, la abrí y señalé hacia la calle con el dedo índice.

—¡Fuera!

Con una carcajada reflejada en su rostro, salió lentamente, tocándome la cara con los dedos.

—Así me gusta —dijo. En cuanto salió, le cerré la puerta en la cara, me senté en una silla en la sala y me puse a llorar.

Después de calmarme, decidí no contarle a nadie sobre este encuentro. Si Willy se enteraba de lo que había pasado, estaba segura de que lo confrontaría después de su regreso. Lo último que quería era una pelea que sólo podía terminar con Willy en la cárcel durante años o muerto. No podía decirle una palabra a nadie. Ese sería el primer secreto que le guardaría a mi marido.

Capítulo 25 - Esperando

Parada frente al espejo, Nancy aplicó un color carmesí a sus labios con su creyón, mientras yo la miraba con orgullo. Mi hermanita se había convertido en una mujer hermosa, y no podía creer que estuviera a punto de casarse. Todavía se refería a mí como su segunda madre, excepto que ahora ella y yo teníamos la misma estatura. A diferencia de mí, que me quedaba callada casi siempre cuando algo me molestaba, Nancy decía lo que pensaba, pero no de manera ofensiva.

—¿Qué te parece? —me preguntó, dando la vuelta para mirarme.

—Eres la novia más hermosa que he visto.

Mis palabras la hicieron sonreír. Me abrazó y me agradeció por hacerle su vestido de novia.

—¡Eres la mejor hermana del mundo! —me dijo.

La acompañé al patio, donde el resto de la familia esperaba, y comenzó la ceremonia, la cual tomó lugar en la casa de sus suegros. Asistieron algunos de sus amigos más cercanos y nuestros padres, quienes aún vivían en la finca de mi abuelo, localizada alrededor de una hora de Arroyo Blanco. Para entonces, Arroyo Blanco se había convertido en el fantasma de lo que había sido. Muchas personas lo habían abandonado, algunos para mudarse a otras ciudades en busca de trabajo, otros para irse al extranjero y comenzar una nueva vida.

Durante la ceremonia, Nancy llevaba un sencillo vestido blanco que llegaba hasta sus rodillas y un velo del mismo color. La pareja no tuvo un servicio religioso ya que el nuevo gobierno no era partidario de la práctica de la religión. Cuando el juez que atendió la ceremonia declaró a la pareja marido y mujer, vi en los rostros de los recién casados la alegría que Willy y yo tuvimos en nuestra boda. Se pertenecían.

Alexis le había construido a Nancy una pequeña casa detrás de la de sus padres. Nada elegante, sólo un par de dormitorios, una pequeña cocina, salita, comedor y baño. La casita estaba inacabada, pero habitable. Había construido un fregadero de cemento, que pintó de verde, y le compró una lavadora rusa que lavaba, pero no enjuagaba.

Para la recepción, su familia usó sus conexiones para comprar un cerdo, así que comimos cerdo asado, arroz, frijoles y un pedazo de pastel. Al final de la recepción, un amigo los recogió en su coche para llevarlos a su hotel.

Willy no podía asistir a la boda, ya que todavía estaba fuera haciendo trabajos forzados. Recé para que Nancy y su esposo nunca experimentaran los meses de separación que Willy y yo sufríamos.

Después de la boda, su suegra comenzó a darle hierbas especiales para evitar que quedara embarazada. Pensó que los nuevos esposos eran demasiado jóvenes para tener hijos. Temerosa de que todos esos remedios caseros afectaran su capacidad de tener hijos en el futuro, le pedí que no los tomara, pero Nancy no quería molestar a su suegra. Fue la única vez que se abstuvo de decirle a alguien cómo se sentía. Eso me transmitió lo mucho que amaba a su marido.

A mi hijo Phil le gustaba visitar a Lala, la suegra de Nancy, porque tenía pollos, vacas y una hijita de su edad. En par de ocasiones, cuando él y la niña entraban al granero para jugar, Phil se robaba los huevos de los pollos, los abría y se los comía crudos. ¡Me sentía tan avergonzada!

—¿Por qué haces eso? —le pregunté, cruzando mis brazos sobre mi cabeza.

Lala se sonrió. Me explicó que las yemas de huevo que a Phil le gustaban tanto, las cuales tenían un color rojizo, eran la comida más saludable que podía comer debido a los alimentos naturales que comían sus pollos.

Capítulo 25 - Esperando

Lala compadecía a mi hijo. La entristecía verlo sin su padre, por lo que para complementar el medio litro de leche a la que tenía derecho a través de la tarjeta de racionamiento, comenzó a enviarle leche de sus vacas. Nancy y yo le agradecimos su amabilidad, pero me sentía incómoda aceptando la leche. Le pregunté a mi hermana si al menos me dejaría pagarle. Me dijo que eso la ofendería, así que desistí.

Luego que Nancy comenzara esta nueva etapa de su vida, reenfoqué mis energías en lograr salir de Cuba, presionando a Cirilo para que nos ayudara antes de que fuera demasiado tarde.

A petición de Willy, no lo había ido a visitar hacía meses. El gobierno lo había trasladado a una zona más remota a la que no se podía llegar en autobús. En sus cartas, enviadas con amigos, me informó que había perdido más de 70 libras. No estaba seguro de cuánto más podría soportar las condiciones de vida. Yo estaba desesperada porque saliéramos de Cuba para sacar a mi esposo de aquel infierno, pero Cirilo me aseguraba que era sólo cuestión de tiempo.

Habían pasado casi dos años desde que Willy se fuera de casa. Yo temía que mi hijo olvidara a su padre, por lo que le mostraba fotos de él a menudo.

—No me gustan los policías —me decía—. Se llevaron a papi.

Los dibujos de nuestro niño de cuatro años se habían vuelto más audaces, más violentos, materializando la ira que llevaba dentro. La inteligencia del niño nos sorprendió a todos. Ya sabía escribir, y yo le estaba enseñando a sumar y a restar. Mi tiempo solo lo había dedicado a él y a mi costura, lo que nos permitió unirnos de una manera especial.

Para entonces, mi amiga Mirta se había casado, no con el joven con quien había salido cuando yo vivía en Arroyo Blanco, sino con un hombre mayor. Aunque el tiempo y la distancia habían borrado nuestra amistad, supe que era feliz.

Yo extrañaba a tía Rita. Mi padre me dijo que el tiempo que había pasado lejos de su esposo puso a prueba la resistencia de su matrimonio. Sin embargo, a pesar de confrontar infidelidades y enfermedades, logró ocultar su tristeza detrás de su sonrisa hasta el día de su muerte.

Los padres de Willy y la mayoría de sus hermanos ya habían salido de Cuba. Algunos fueron a Port Chester, Nueva York, pero Cirilo se había quedado en la ciudad de Nueva York. A través de sus cartas, los hermanos de Willy me hablaban de la vida en los Estados Unidos. El primer invierno había sido memorable, ya que era la primera vez que habían visto la nieve, y observado la quitanieves limpiando las calles. Era la primera vez que visitaban el parquecito José Martí en Port Chester, un pedacito de lo que habían dejado atrás, y la primera ocasión en que tuvieron que instalar las cadenas en sus neumáticos cuando una gruesa manta de nieve cubría las calles.

Port Chester era un pequeño pueblo habitado por una población ecléctica: alemana, italiana, polaca y cubana principalmente. La familia de Willy se había enamorado del lugar desde que llegaron, y yo estaba ansiosa de reunirme con ellos.

Repleto de casitas blancas de dos pisos, la mayoría dúplex, que tenían revestimientos de aluminio y techos de *shingles*, el pueblecito de Port Chester disfrutaba de una ubicación geográfica envidiable. Su vía férrea le permitía acceso a la ciudad de Nueva York en cuarenta minutos.

Me imaginaba a Willy, al pequeño Phil, a mis padres, mi hermana y su esposo sentados alrededor de una mesa grande en una casa en Port Chester. Me imaginaba a mi hijo jugando en la nieve.

A pesar de la distancia de su tierra natal, ninguno de los hermanos de Willy había abandonado sus tradiciones. En todo caso, las fortalecieron, ya que se reunían durante las celebraciones de cumpleaños, tocaban música cubana y cocinaban grandes comidas que se americanizaban más con el paso del tiempo. Podía imaginarme una vida así, pero me parecía tan distante.

Todas las noches, escuchaba los números de familias que llegaban a los Estados Unidos. El nuestro se estaba acercando.

Capítulo 26 – Regreso a casa

No sé cómo pasé de estar enamorada de mi marido a estar tan compenetrada con él que la noción de estar lejos de él me lastimaba en un nivel emocional y físico. Durante los primeros días después de su partida, miraba por la ventana esperando su regreso, pero a medida que los días se convertían en meses, y la esperanza en decepción, dejé de mirar hacia la calle.

Cuarenta y cinco días habían pasado sin noticias de mi marido y estaba preocupada. Trataba de mantenerme lo más activa posible, la única manera que conocía para mantener mi cordura. Cuando no tenía nada que hacer, o por la noche, cuando el silencio me acompañaba, mis pensamientos regresaban, hundiéndome en la desesperación.

Una tarde soleada, mientras me encontraba en la cocina haciendo un arroz amarillo con pollo, escuché a alguien tocar a la puerta. Me lavé las manos y caminé hacia la entrada, cruzando frente a mi hijo quien se encontraba sentado en el suelo de la sala jugando con su camioncito rojo.

Abrí la puerta lentamente, notando primero las mejillas hundidas, una palidez que me aterrorizaba, los brazos delgados, como los de los hombres que habían estado en los campos de concentración de Alemania. ¡Reconocí sus ojos pequeños!

—Pero ¿qué te hicieron? —le pregunté, abrazándolo y besándolo en las mejillas docenas de veces, mientras mis ojos se llenaban de lágrimas.

—Mami, ¿quién está ahí? —preguntó mi hijo.

Abrí la puerta de par en par para dejarlo entrar. Cuando Phil nos vio a su padre y a mí tomados de la mano, se levantó del suelo y caminó hacia él con incertidumbre.

—¿Papi?

—Sí, hijo. Soy yo.

Phil corrió hacia él, y tan débil como Willy parecía, levantó a Phil en sus brazos, y padre e hijo se abrazaron mientras que yo los abrazaba a ambos.

—Oh, cariño, ¿qué te han hecho? —pregunté de nuevo.

Mi marido era una sombra del hombre con el que me había casado. De pronto, colocó al niño en el suelo, como si se diera cuenta de lo sucio que estaba.

—¿Puedo bañarme y comer algo? —me preguntó.

Claro. ¿En qué estaba pensando? Me apresuré a la cocina, mientras que él se daba un baño. Cuando terminó, le serví un humeante plato de arroz amarillo con pollo. Me pidió un plato vacío para quitar la mitad de lo que le había servido. Dijo que era demasiada comida. Mientras cenábamos, le pregunté de nuevo qué le había pasado.

—Apenas nos daban de comer y lo que nos daban era cocinado con agua contaminada. Tengo parásitos.

Sacudí la cabeza, ya que no poder concebir algo semejante.

—Quiero matar a esos hombres, Papi — dijo mi hijo de cuatro años, cerrando los puños.

—No vas a matar a nadie, hijo. Existe un Dios, y esos hombres pagarán lo que han hecho.

No sabía si creía en las palabras de mi esposo, pero sabía que tendríamos que salir de Cuba lo antes posible.

—¿Tienes que regresar? —le pregunté.

—No. Todavía tengo que trabajar para ellos, pero me permitirán dormir en casa.

Mi marido actuaba como un hombre roto. Había perdido el impulso y la intensidad de su mirada.

—Estoy tan ansiosa que llegue el momento en que todos nosotros, Nancy y su esposo, mis padres y nosotros salgamos de este país abandonado por Dios. Todo lo que deseo es vernos en Port Chester con el resto de la familia.

Capítulo 26 – Regreso a casa

—¿Nancy se casó?

Asentí con la cabeza.

Me hizo preguntas sobre el esposo de Nancy. Le dije que ella tenía tanta suerte como yo de haber encontrado a un buen hombre.

—Ojalá pudieran irse al mismo tiempo que nosotros, pero tendrán que esperar —le dije.

—¿Por qué?

—Cirilo sólo la reclamó a ella. Los documentos deben ser revisados, y eso lleva tiempo.

Esa noche, cuando nos fuimos a la cama, lloré en silencio después de que mi esposo me hiciera el amor. Se sentía como un hombre diferente, pero me prometí cuidarlo y devolverle la salud. Si lo amaba antes de que se fuera, mi amor por él se había convertido en algo diferente y más fuerte. Los hombres que se lo llevaron trataron de destruirnos; sin embargo, nos unieron más que nunca.

Antes de que nos durmiéramos en los brazos uno del otro, me susurró al oído:

—Pensé que moriría antes de volver a verte. Sólo la idea de besar tus labios y tenerte en mis brazos de nuevo me mantenían vivo. Ahora puedo morir feliz.

—No te dejaré morir. Quiero que estés a mi lado por el resto de mis días. Te amo.

—Te amo, mi hermosa niña de Arroyo Blanco. Ahora más que nunca.

Capítulo 27 – Visita de Luis

La presencia de Luis frente a mí cuando abrí la puerta hizo que cerrara los puños con fuerza. Antes de que pudiera preguntarle qué quería, empujó la puerta y entró. Vestido con su uniforme militar verde oliva, y con un aire de persona importante que acompañaba cada uno de sus rígidos pasos, me dijo:

—Tengo órdenes de hacer un inventario de tus pertenencias.

A juzgar por la forma en que levantó la barbilla y me miró, parecía contento de que le hubiesen asignado esta tarea. Mi hijo dejó de jugar con su camioncito rojo y le dio una mirada seria.

Willy estaba en casa. Había venido a almorzar y a refrescarse antes de regresar a sus nuevos deberes en una obra de construcción. Tenerlo en casa me hacía sentir más segura, pero nerviosa. Temiendo que notara la forma despectiva en que yo miraba a Luis, le dije que me quedaría en la cocina lavando los platos mientras el inventario era realizado.

Otros pensamientos ocupaban mi mente. El hecho de que ese hombre estuviese en mi casa realizando esta labor significaba que nuestra fecha de salida se aproximaba.

En unos días, ya yo no podría preparar alimentos en la cocinita donde había confeccionado tantas deliciosas comidas para mi familia. Inspeccioné mi entorno en silencio: la pequeña estufa de gas de dos quemadores, las diminutas mesetas a cada lado, el gabinete que mi esposo había instalado en una pared adyacente. Nada elegante. Dos puertas y suficiente espacio para algunas especies y unos pocos comestibles. Me preguntaba quién cocinaría en esta cocina, quién se haría cargo de mis cosas.

El principio del fin comenzaba.

La idea de ver a un extraño inventariando mis pertenencias me enfermaba, pero sabía que esas eran las reglas. El gobierno se quedaría con todas mis posesiones. Este era parte del precio que teníamos que pagar por salir de Cuba.

Luis hizo una lista detallada. Más tarde, Willy me dijo que incluso contó las sábanas, los muebles y detalló los contenidos de cada gaveta. También apuntó la marca de nuestro colchón. Cuando llegó a la cocina, me disculpé y fui a la sala, evadiendo sus ojos.

Willy me siguió.

—¿Está todo bien?

—Es que me molesta que alguien esté toqueteando nuestras cosas —le susurré.

Mi marido me miró, como si tratara de interpretar lo que estaba pensando. Luego se fue adonde se encontraba Luis para asegurarse de que no robara nada, como si importara. Me mantuve nerviosa hasta que salió de la casa. En ese momento, miré a mi marido y me encogí de hombros.

—Ahora esperemos —le dije.

Sonrió.

En el transcurso de las próximas dos semanas, Cirilo me envió un par de telegramas con el mismo mensaje.

—Deben estar en alerta. Recibirán los documentos en cualquier momento.

No sabía lo rápido que se movería el proceso. Todo lo que podíamos hacer era esperar.

Mi hermana venía a visitarme todas las tardes. Le encantaba hablar y compartir cada detalle de su vida conmigo. Una de esas tardes, me dijo:

—Amo mi vida. Amo a mi marido y a mis suegros. ¿Y adivina qué? Tengo una sorpresa para ti. ¡Te vas a morir cuando lo oigas!

La miré con ojos curiosos, notando que no había perdido la inocencia de su infancia. Todavía podía imaginármela diciéndome —Defiéndete, Madeline —como lo había hecho tantas veces a través de los años, cuando mi madre me trataba severamente.

Justo cuando estaba a punto de decirme su sorpresa, escuchamos a alguien tocar. Abrí y vi a Luis delante de mí.

175

—Estoy de vuelta —me dijo.

Empujó la puerta y me entregó unos papeles antes de entrar.

—Esos son sus documentos de salida —me dijo—. Tienen que irse en dos días.

Miré a mi hermana, quien ahora estaba en la sala mirándome.

—Necesito comprobar que todo el inventario todavía está aquí. Si falta algo, no podrás irte. ¿Me oyes?

El sonido de su voz me enfurecía. Hasta el día que lo conocí, nunca había sentido odio. Era una sensación inquietante que me consumía y erosionaba hasta mis entrañas. En mi mente, ese hombre representaba todo el mal de la revolución.

En su mano, llevaba una hoja de papel escrita con letra a mano en ambos lados. Pasó junto a mi hermana como si fuera el dueño de la casa, ignorándola y revisando los artículos de su lista.

—Mientras hago esto, ¿me pueden dar un poco de café?

Le di una mirada vacía, pero mi hermana tomó el control de la situación.

—Por supuesto, camarada. Déjeme traerle una taza. Sería un placer.

Mi hermana se fue a la cocina, y mientras Luis inspeccionaba el contenido de mi habitación, agarré un rollo de tela que había escondido dentro de un armario en el comedor y lo coloqué bajo mi brazo. Pensando que faltaba mucho tiempo para que nos fuéramos, mi madre me lo había traído un día después del inventario inicial y me pidió que hiciera un juego de pijamas para Phil. Ninguna de las dos conocíamos el proceso de salida. Con la tela bajo mi brazo salí por la puerta lateral de la casa en puntillas. Carlota, una de las pocas amigas que tenía en mi barrio, vivía al lado de mi casa, por lo que tiré la tela en su patio. En ese momento, ella estaba sentada en un sillón en el portal. Cuando me vio, salió corriendo, la recogió y me dio una mirada inquisitiva. Puse mi dedo índice perpendicular contra mis labios. Como si se diera cuenta lo que le transmitía, recogió la tela y entró a su casa.

Un par de semanas antes, Carlota, madre de tres hijos, me había pedido mi anillo de bodas porque ella y su marido no tenían los medios para adquirir uno. Se lo regalé, porque sabía que Luis no lo había visto durante el inventario.

Durante esta visita, Luis permaneció unos treinta minutos en mi casa, incluyendo el tiempo que le llevó tomarse la taza de café. Antes de irse, me miró con desconfianza.

—No puedes sacar nada de esta casa. Si falta algo, no podrás irte. ¿Entendido?

Lo miré sin decir nada.

—Sí, oficial. No se preocupe. Mi hermana entiende las reglas, y nada se tocará —dijo Nancy con voz alegre.

La ignoró y me dio una mirada intensa.

—Volveré aproximadamente en una hora para cerrar la casa. Necesitas estar lista para desalojarla. Tú, tu marido y el chiquillo pueden llevarse una maletica con un par de mudas de ropa. Eso es todo. Lo demás tiene que quedarse.

Se fue, y Nancy y yo comenzamos a empacar, mientras Carlota se ofreció a ir al trabajo de Willy y pedirle que se apresurara a casa. Después de haber terminado, Nancy permaneció callada mientras yo recorría mi casa una última vez.

Me senté en una silla en el comedor, viendo a mi hijo jugar, deseando tener su inocencia. Nuestras vidas estaban a punto de cambiar, pero mi hijo sólo podía centrarse en su juguete favorito, un camión que montaba en el aire a través de calles invisibles, mientras hacía ruidos de motor.

Sentí las manos de Nancy sobre mi hombro y sus labios en mi cara mientras me daba un beso.

—Los voy a extrañar muchísimo a ti y a mi sobrino. No te olvides de mí, ¿me oyes?

Su voz era dulce, como el *guarapo* que los trabajadores de mis abuelos extraían de la caña de azúcar cuando yo era niña.

Se sentó a mi lado en silencio, observando como mis ojos errantes grababan cada rincón.

Todos mis muebles, un caballito de porcelana que adornaba mi mesa de centro, que era un regalo de mi padre, y las fotos de la familia en las paredes tenían que quedarse. Traté de impregnar esos últimos momentos en mi mente, pensando que de ahora en adelante nada sería igual.

Cuando Luis regresó, estábamos cerrando la puerta. Le entregué la llave sin mirarlo y agarré a mi hijo de la mano.

—¡Oye! —gritó—. ¿Por qué te estás llevando ese juguete?

Noté el camioncito rojo en las manos del niño de cuatro años.

—Dámelo. Tiene que quedarse —dijo Luis.

Mi hijo me miró y luego sus ojos se enfocaron en Luis.

—¡Es mío! —gritó Phil—. No es tuyo.

El pequeño colocó el camión contra su pecho, pero con una maniobra rápida, Luis se lo quitó y Phil comenzó a golpearlo con sus puños.

—Aléjate de mí mocoso —gritó Luis y le dio un empujón. El niño perdió el equilibrio y cayó en la acera.

—¡Yo quiero mi camión! —grito llorando—. ¡Dámelo que es mío!

Nancy agarró las dos piezas de equipaje que yo llevaba, una que colgaba de mi hombro y la otra de mi mano, y yo levanté a mi hijo de la acera y lo cargué. Phil siguió pataleando y gritando por su juguete.

—No lo necesitas, mi amor. Pronto te compraré uno nuevo. Que se queden con él.

Lo besé y lo acaricié camino a la casa de Lala, pero estaba inconsolable. Después de un tiempo, sus gritos se convirtieron en un llanto leve.

Al llegar a casa de Lala, me di cuenta de que necesitaba enviarles un mensaje a mis padres sobre mi viaje. Uno de los parientes de Alexis se ofreció a recogerlos y a traerlos a casa de Lala, ya que ella tenía más espacio que Alexis. Eso me permitiría pasar algún tiempo con ellos antes de irnos. Mientras esperábamos a que llegaran mis padres, Nancy me pidió que dejara a Phil con Alexis en casa de sus padres mientras yo la acompañaba a la suya. Quería un lugar tranquilo para hablar conmigo.

Al entrar a la casita de Nancy, nos sentamos en taburetes de madera en el comedor. Me agarró de la mano, la acarició y sonrió.

—Sé que te vas en dos días, y que el tiempo no es perfecto, pero hay algo que tengo que decirte. Sabes cuánto amo a Alexis. Compartir mi vida con él es lo mejor que me ha pasado, y sólo lo que estoy a punto de decirte podría hacerme más feliz.

—Dime de una vez por todas. No seas tan misteriosa que me pones nerviosa.

—Mi hermana, en unos meses, serás tía. ¡Estoy embarazada! —me dijo.

—¿Que qué? —pregunté en shock.

—¿No es maravilloso? —dijo tocándose el vientre.

—Pero... Pensé que vendrías con nosotros a los Estados Unidos.

—Vamos a resolver eso un poco después. Deja de preocuparte por todo. La vida es demasiado corta para vivir de esa manera.

Sacudí la cabeza.

—La llegada de un bebé demorará tu salida —le dije.

—Si las cosas no salen bien, siempre puedes visitarnos. No es que vayas al otro lado del mundo.

Le di una mirada perpleja y no revelé mis pensamientos. No quería molestarla.

Cuando mis padres llegaron, papá me dio una mirada triste. Por mucho que hubiera querido que me fuera de Cuba, ahora que el momento se acercaba, su reacción no era lo que esperaba.

—¿Dos días? —preguntó, como si esperase que le diera otra respuesta.

—Sí papá.

—Así que pronto no te volveremos a ver por sabe Dios cuanto tiempo.

—Nos volveremos a ver, pronto papá — le dije. Me miró con una expresión seria.

—Mi pequeño Phil — dijo mi madre y le dio un beso a mi hijo en su mejilla—. Te voy a extrañar mucho.

Lo abrazó de su manera melodramática habitual.

—Madeline, el día de tu vuelo, iré contigo al aeropuerto —dijo mamá—. Pero tu padre se quedará aquí. Será demasiado para su salud.

Miré a mi padre.

—Papá, ¿estás bien?

—Tu madre está siendo demasiado protectora, como siempre. Estoy bien.

—Te quedarás con Nancy —dijo mi madre.

Mi padre agitó su mano y sacudió la cabeza, pero no discutió con ella.

La noche antes de nuestra salida, todos fuimos invitados a comer a casa de Lala. No había suficiente espacio en la mesa de comedor para todos, por lo que se tomó prestada la mesa de Alexis y la colocó en su sala. Se esmeró esa noche: preparó frijoles negros, arroz, pollo, incluso un flan. Durante el transcurso de la cena, mamá y Lala hablaron más que nadie, mientras que papá permanecía reservado y pensativo.

—Toma muchas fotos, mi cuñadita —me dijo Alexis con una gran sonrisa. Se comió una cucharada de frijoles negros y agregó: —Y no te olvides de la gente hambrienta de Cuba.

Nancy le golpeó en el brazo con el puño y le dijo: —¡Para con eso! Tú no tienes hambre.

—Pero si mi mami no tuviera esta tierra, tendría mucha hambre. Además, eso es entre Madeline y yo. Deja de arruinar nuestro trato.

Todos nos reímos.

Después de la cena, Phil fue a jugar con los pollos en el patio. Le recordé que no tocara los huevos de las gallinas, pero me miró fijamente y se fue.

Mamá y mi hermana ayudaron a retirar los platos vacíos de la mesa. Traté de ayudar, pero Lala insistió en que yo era la invitada de honor y debía relajarme, por lo que invité a mi padre a que me acompañara al portal. Nos sentamos en sillones uno al lado del otro, mirando al camino de tierra frente a nosotros.

—Sólo quedan unas horas —me dijo.

Le agarré la mano.

—Sí, Papá... Te extrañaré mucho.

Asintió con la cabeza.

—Lo sé.

—Te sacaré de Cuba los más pronto posible, papá. No te preocupes.

Sus ojos se enfocaron en el suelo.

—Tu madre no se irá hasta que Nancy se vaya, y ahora Nancy está embarazada.

Respiró hondo.

—Ya inventaremos algo, papá. Te lo prometo.

Capítulo 28 - Salida de Camagüey

Alrededor de las cinco, Pepe, el conductor al que habíamos pagado seiscientos pesos por el viaje de ida y vuelta entre Ciudad de Camagüey y el pueblo playero de Varadero, llegó en su viejo *Chevrolet* para recogernos a Willy, Phil, mi madre, mi vecina Carlota y a mí. Carlota se sentó junto al chofer y el resto de nosotros en el asiento trasero: Willy a mi lado, y el pequeño Phil sentado entre su abuela y yo, con la cabecita apoyada sobre mi hombro mientras dormía.

Después de recorrer un tramo corto por caminos de tierra, tomamos la Carretera Central; la cual recorría la isla desde el este hasta el oeste. Viajábamos hacia el oeste, en dirección a la provincia de Matanzas, en donde se encontraba el pueblo de Varadero.

Permanecimos en silencio por un tiempo para evitar que Phil se despertara. Habíamos decidido no decirle hacia dónde íbamos. ¿Total, para qué? Pero me preguntaba a mí misma cuánto tardaría antes de que lo descubriera.

Al principio, no sabíamos si el conductor tenía conexiones con el gobierno, una razón para no tener ninguna conversación con respecto a nuestra salida. No podíamos confiar en nadie.

—Y ¿por qué se van? —el conductor preguntó después de un tiempo.

—Queremos reunirnos con mis hermanos y mis padres —dijo Willy, mirando al pequeño Phil.

—No sólo eso, sino para tener una buena vida —dijo el conductor—. He oído que los Estados Unidos es la tierra de las oportunidades.

—¿Los Estados Unidos? —preguntó Phil con los ojitos medio cerrados—. ¿Y es muy lejos?

—No muy lejos. Vamos allí de vacaciones —le expliqué.

—Me gusta irme de vacaciones —respondió y se volvió a dormir.

Carlota tocó el brazo de Pepe, colocó su dedo sobre sus labios y le susurró algo al oído. El conductor se disculpó, pero continuó haciendo preguntas. Respondimos con medias respuestas y sonrisas.

Yo estaba nerviosa ya que teníamos que llegar a nuestro destino antes de las cinco, y el carro era viejo y olía a gasolina. Viajábamos con nuestras ventanas bajadas porque el auto no tenía aire acondicionado, así que, en el interior, el aire se sentía húmedo y cálido.

Capítulo 28 - Salida de Camagüey

Era sábado, 19 de octubre de 1969. Durante este mes, las temperaturas en estas partes se mantenían en un nivel más tolerable que en agosto, cuando un viaje como este habría sido insoportable.

Nuestro niño de cuatro años durmió hasta que aparecieron los primeros atisbos de sol. Entonces, estiró sus bracitos, y sus ojos se centraron fuera del auto con curiosidad.

—¿Adónde vamos? —preguntó como si hubiera olvidado su pregunta anterior, cuando estaba medio dormido.

—De vacaciones —dijo su padre.

—¿Abuelita viene?

—No, pero las verás pronto. No son unas vacaciones largas.

Era la primera vez que uno de nosotros había salido de la provincia de Camagüey. Con sus ojos agrandados, Phil apuntaba a los bosques, a los tramos de deliciosas llanuras adornadas por altas palmas reales y casuchas con techos de paja esparcidas por el camino. Hizo muchas preguntas, siempre curioso, siempre tratando de ampliar sus conocimientos sobre su entorno.

La separación de su padre lo maduró más allá de sus años, y cuando de repente, mi madre comenzó a llorar, se volvió hacia ella y le preguntó:

—Abuelita, ¿por qué lloras? Papá dijo que no nos iremos por mucho tiempo. Nos veremos pronto.

Su abuela le acarició la cabeza e intercambió miradas conmigo. Mientras tanto, mis pensamientos seguían traicionándome, diciéndome que algo pasaría que disuadiría nuestro plan. Entonces el miedo se apoderó de mí, el mismo miedo que experimenté de niña.

En algunos tramos de la carretera, el grosor de los bosques y los árboles con dosel hacían que pareciera como si estuviéramos conduciendo dentro de un túnel, y por un momento, me maravillaba. Entonces, una vez más consultaba el reloj de pulsera de Willy, y el miedo de que no llegáramos a tiempo se apoderaba de mí nuevamente. Ni siquiera la animada conversación entre Carlota y nuestro conductor podía distraerme.

Pasaron unas horas, y justo cuando me había convencido de que estaba equivocada y que todo saldría bien, escuché un ruido. Al principio, no sabía lo que lo había causado, así que mis ojos se centraron en el conductor. En un instante, Pepe cambió los chistes y la conversación ligera por maldecir, seguido de:

—Eso es todo lo que necesitaba. ¡No puedo creer que esto me siga pasando!

Pepe se detuvo en el lado de la carretera y salió del coche. Observamos desde adentro mientras lo inspeccionaba. Luego puso los brazos en el aire. Gritó obscenidades, estampó los pies en el asfalto, y cuando notó nuestras miradas de desaprobación, se disculpó.

Willy se bajó del auto para ayudarlo. Pepe abrió el maletero del coche, recuperó un neumático de repuesto usado y usó un gato para levantar el coche y retirar la goma desinflada. Treinta minutos después, nuestro viaje continuó.

Alrededor de las dos, Pepe anunció que estaríamos en nuestro hotel en menos de dos horas, pero la pesimista en mí no estaba convencida. Cuando otro neumático se explotó una hora después y Pepe casi pierde el control del coche, le susurré a Willy:

—¡Dios mío, más nunca vamos a llegar! Para entonces, Pepe había logrado aparcar el coche al lado de la carretera, y allí estábamos, en medio de la nada.

—¡Tu sabías que mi hija necesitaba llegar a tiempo! —Mamá le gritó a Pepe—. ¿Cómo te atreves a arriesgar a mi familia así cuando sabías que tu carro no estaba en condiciones para un viaje tan largo? ¿Estás loco?

Pepe golpeó el volante con los puños, como si hubiese perdido la razón. También dijo palabras que una mujer decente no debe repetir, y por su bien, me alegré de que mi padre no estuviera cerca para escucharlas.

—Pepe, cuidado con lo que dices que hay mujeres y un niño en el carro —dijo Willy.

—Lo siento. Sabía que las gomas estaban malas, pero es difícil encontrar un reemplazo. Lo siento mucho.

Llena de pánico, pensé que tendríamos que volver a casa. Pero ¿a qué hogar? Comenzaba a sentirme mareada cuando Pepe anunció:

—Tendremos que caminar. Un amigo mío trabaja en un taller a sólo un par dc kilómetros de distancia.

—¿Caminar bajo este calor? ¿Pero te has vuelto loco? —mi madre le gritó.

El conductor respondió hablando con sus manos.

—Señora, ¿qué quiere que haga? Mis gomas eran viejas. Pensé que llegaríamos. De verdad lo siento.

Al darnos cuenta de que discutir no solucionaría nuestro problema, nos bajamos del coche y comenzamos a caminar en el campo enyerbado al lado de la carretera. Estaba a punto de llorar cuando noté la hora en el reloj de Willy. *¡No llegaríamos a tiempo!*

Mientras caminábamos, Phil arrastraba los pies, levantando la tierra con sus zapatos.

—Para de hacer eso que vas a arruinar tus zapatos —dijo su padre.

Willy cargó a Phil y lo colocó sobre su hombro, mientras que gotas de sudor aparecían en su frente. Por mucho que a Phil le gustara correr detrás de las mariposas, después de ver a varias pasar, me sorprendió que no le pidiera a su padre que lo bajara para poder correr tras ellas. Tal vez, estaba demasiado cansado del largo viaje.

Willy lo mantuvo cargado por un tiempo hasta que le pedí que lo dejara caminar, ya que apenas había subido cinco libras desde su regreso del campo y aún estaba débil.

Mi madre se quejaba constantemente, haciendo nuestro viaje más frustrante. A ambos lados de la carretera, la llanura y los árboles bañados de sol y cielos azules sin nubes dominaban el paisaje. En poco tiempo, mi blusa comenzó a pegarse a mi espalda sudorosa.

—¡Nunca vamos a llegar! Dios mío. No puedo creer que esto esté sucediendo —mi madre seguía repitiendo, no usando exactamente las mismas palabras cada vez, pero transmitiendo el mismo mensaje. Willy sacudía la cabeza y la miraba fijamente, pero ella lo ignoraba. Después de un tiempo, Willy se acercó a ella y le susurró algo al oído que yo no podía descifrar. Aunque ella no dijo una palabra el resto del camino, las miradas enojadas que le daba a Willy hacían las palabras innecesarias.

Mientras caminábamos, en Camagüey se desarrollaban una serie de eventos inesperados.

La noticia de mi partida se había extendido por la ciudad donde vivía, y mientras los hombres trabajaban y las mujeres cocinaban la cena para sus familias, alguien irrumpió en mi casa. Nancy no se enteró hasta la mañana siguiente, cuando el oficial que había tomado el inventario se apareció en su casa y le preguntó dónde estábamos. Nancy le explicó que nos habíamos ido para Matanzas el día anterior.

—Se lo notificaré a las autoridades ahora mismo. No pueden irse. Te dije que, si algo se sacaba de la casa, no podrían salir —dijo Luis.

—Pero no nos hemos llevado nada.

—Probablemente hablaste con el ladrón y le dijiste que la casa estaba vacía.

—¡Nunca haría eso!

Nancy trató de razonar con él y lo invitó a una taza de café, pero nada pudo persuadirlo. Mi padre, quien se había quedado con ella mientras mamá viajaba conmigo a Matanzas, estaba leyendo en el patio trasero. Temiendo que mi padre escuchara la discusión, Nancy seguía mirando hacia atrás, mientras Luis levantaba la voz.

—¡Voy a inspeccionar tu casa ahora mismo! ¡Si encuentro algo que le pertenezca a tu hermana, tú y tu marido irán a la cárcel! —Luis gritó.

Ella abrió la puerta y lo dejó entrar, notando la ira en sus ojos mientras examinaba sus pertenencias. Abrió todas las gavetas y tiró sus contenidos al suelo. Nancy acarició su vientre pensando en el bebé que crecía dentro de ella, preguntándose si Luis inventaría una excusa para llevárselos a ella y a Alexis a la cárcel.

—¡No podrán salirse con la suya! —gritó Luis al salir, apuntando hacia el rostro de ella con el dedo índice.

Capítulo 29 – La despedida

Una hora después de que abandonáramos el coche en la Carretera Central, nos encontramos caminando por una estrecha calle de dos vías en el pueblo de Varadero. Empapados en sudor y después de haber bebido toda el agua que traíamos, esperábamos poder rellenar las botellas al llegar adonde nos llevaba el conductor.

A las tres, agotados, entramos a una gasolinera, vieja y deteriorada, la cual tenía neumáticos podridos tirados alrededor y una sola bomba de gasolina. Un hombre vestido en un uniforme lleno de grasa de motor y suciedad se acercó a nosotros con una sonrisa, mientras se limpiaba las manos con un trapo.

Después de saludarnos, el hombre le pidió a Pepe que lo siguiera, dejándonos en la zona de recepción.

—No llegaremos a tiempo —le susurré a Willy.

—Eso es lo que dije antes —mi madre respondió, mirando a Willy con las cejas elevadas.

—Déjame ver lo que está pasando —dijo Willy y caminó hacia la parte trasera de la tienda llevando en su mano una bolsa con botellas vacías. Mientras tanto, con una mirada pensativa, Mamá acarició el pelo del pequeño Phil.

—Todo estará bien —dijo Carlota, como si notara la preocupación de mi madre.

Yo no estaba tan segura.

Momentos después, Willy regresó.

—Un hombre llamado Fernando viene a recogernos —dijo Willy y comenzó a distribuir las botellas llenas de agua—. Es amigo del hombre que trabaja en la tienda. Fernando tiene un carro y nos llevará al hotel.

Yo no estaba muy convencida de que el hombre llegaría a tiempo, hasta treinta minutos después, cuando un señor de pelo blanco llegó conduciendo un viejo auto azul. Todos nos miramos al notar las condiciones del carro.

—¿Ese es el carro? —mi madre preguntó.

—Así mismo, Señora —dijo Fernando saliendo de su auto—. No deje que las apariencias la engañen. Por muy viejo que se vea, está en buenas condiciones.

Nos enteramos entonces de que el conductor anterior no podría llevar a mi madre y a mi vecina de regreso a Camagüey, ya que los neumáticos de reemplazo no llegarían hasta dos días después. Por lo tanto, este le devolvió la mitad del dinero a mi esposo, quien se lo dio a Fernando para que completara el viaje.

Unos veinte minutos antes de la hora indicada, al fin llegamos al hotel con las esperanzas de poder descansar.

Luego que le pagáramos al recepcionista por una noche de estadía, nos dijo:

—Pueden subir a su habitación por solo unos minutos. Voy a llamar a un taxi ahora que los llevará para otro lugar, así que, aunque le cobramos por una noche, no podrán quedarse a dormir. Cuando terminen, regresen con su equipaje. Tendrán que llevárselo al centro de procesamiento.

Le dimos las gracias al empleado y caminamos a un lado del vestíbulo donde mi madre y Carlota podían sentarse a esperar.

Willy y yo abrimos las piezas de equipaje y reunimos lo que planeábamos ponernos en una de ellas. Dejamos el resto con mi madre y Carlota.

Luego de llegar a la habitación, temerosos de perder nuestro taxi, nos lavamos la cara y las axilas rápidamente, nos cambiamos la ropa y regresamos al vestíbulo para despedirnos.

—Bueno, mamá —le dije parada frente a ella—. Es hora de irnos.

—Lo sé —me dijo mirándome con ternura y acariciando mi cara—. Madi, sé que no hemos tenido la mejor relación a través de los años. Te extrañaré mucho y no descansaré hasta que nos veamos de nuevo, ¿me oyes? Cuida de mi nieto. Es mi vida.

—Lo sé, mami —dije tratando de contener las lágrimas.

Sentí una mano en mi hombro.

—Madeline, el taxi está aquí —dijo Willy.

—Dale un abrazo a tu abuela, Phil —le dije al niño.

Phil corrió hacia su abuela y le abrazó las piernas.

—Nos veremos pronto —mi madre dijo, inclinándose para besarle el rostro—. Cuida de tu mami, ¿de acuerdo?

Phil asintió con la cabeza y miró a su alrededor como si no entendiera lo que iba a suceder. Willy abrazó a mi madre y a nuestro vecino, y corrimos al taxi que esperaba por la curva. Mientras nos alejamos, me di la vuelta y miré a mi madre que se quedó frente al hotel, de pie junto a Carlota y saludando. Después de no haberla visto más, miré hacia abajo. Willy me acarició el hombro.

Sentado entre su padre y yo, Phil pateó la parte trasera del asiento del conductor y dijo que tenía hambre. Willy y yo nos miramos, ya que nos habíamos quedado sin comida durante el largo viaje.

Unos cinco minutos más tarde, llegamos al centro de procesamiento, un edificio de una planta que parecía un almacén convertido. Cuando entramos, me sorprendió ver el lugar lleno de familias esperando para salir. Más tarde supe de la gente sentada a nuestro alrededor que habían venido de diferentes partes del país.

Luego de sentarnos, Phil miró a su alrededor con timidez y pidió ir al baño. Una empleada me dirigió a uno, y después de que regresáramos a nuestros asientos, nuevamente el niño me dijo que tenía hambre.

—No queda nada de comer —le dije.

Miró hacia abajo, como si estuviera a punto de llorar.

—Mi amor, si quieres a tu papá, tienes que portarte bien. De lo contrario, no nos dejarán salir, y sabes cuánto tu papi necesita estas vacaciones.

Evadió mis ojos y empezó a halarse los dedos de las manos, uno por uno.

—Vamos. Trata de dormir.

Se encogió de hombros y miró a su alrededor.

Aproximadamente una hora más tarde, un oficial vestido con un uniforme de color verde olivo comenzó a solicitar pasaportes y otros documentos migratorios de las personas que esperábamos en el salón. Los recogió todos sin darnos ninguna explicación.

Después que terminó, nuestra espera resumió. Una pareja de ancianos sentados cerca de nosotros exclamó en referencia a Phil.

—¡Qué niño más lindo!

Le di las gracias, pero el niño no les prestó atención.

—Mami tengo hambre —me dijo.

Una mujer que lo escuchó, le susurró:

Capítulo 29 – La despedida

—No te preocupes. Cuando llegues a los Estados Unidos, podrás comerte un planto grande de comida.

Phil la miró con una mirada cansada. Después de un tiempo, aburrido y hambriento, se sentó en mis piernas y se durmió en mis brazos.

Nuestro vuelo no estaba programado para salir hasta la mañana, así que tuvimos que dormir en las sillas. Mis brazos se entumecieron, pero no quería despertar a mi hijo. Verlo durmiendo así me recordaba al bebé que perdí. No sabía si volvería a su tumba, pero siempre lo llevaría en mi corazón.

Mientras esperaba, pensé en mis padres y en mi hermana. Todavía no había salido de Cuba, y ya los extrañaba.

—¿Estás bien? —susurró Willy como si hubiera notado mi expresión triste.

—Voy a dejar atrás a toda mi familia —le dije.

Sonrió y puso su mano sobre mi hombro.

—Los volverás a ver pronto —dijo—. Además, mi familia es tu familia.

Nuestra conversación despertó a Phil quien una vez más dijo que tenía hambre. No había comido nada desde el almuerzo, y cuando dije que no tenía comida para darle, comenzó a llorar.

La anciana que estaba sentada a mi lado le susurró unas palabras a su marido. Él asintió con la cabeza. La anciana metió la mano en su bolsa y sacó una lata de leche condensada.

—Para su hijo —me dijo.

—Pero... ¿Y qué van a comer usted y su esposo?

—Tenemos otra lata. No te preocupes.

Le di las gracias, y ella me dio un abrelatas e instrucciones de cómo preparar la leche.

—Combina la misma cantidad de leche y agua en una taza. De esta manera la leche te rendirá más.

Dejé a Phil con su padre, le pedí una taza a uno de los trabajadores del centro y fui al baño a buscar el agua. Más tarde, cuando le entregué a Phil una taza de leche, sus ojos brillaron de felicidad. Se tomó un sorbo y nos miró:

—¡Tomen un poco de leche!

Me sorprendió lo mucho que se preocupaba por nosotros a una edad tan tierna. Tan hambrientos como estábamos, decidimos esperar. No estábamos seguros de cuántas horas más pasaríamos en el centro de procesamiento, o si tuviéramos que regresar a casa, así que guardamos la leche sobrante para dársela al niño.

Cada hora que pasaba se sentía como una eternidad. Me lavé la cara un par de veces y bebí agua de la pila para adormecer el dolor de hambre de mi estómago. Willy, acostumbrado a tener hambre cuando estuvo en los campos de trabajo, no la pasó tan mal como yo.

Capítulo 29 – La despedida

Poco después de las diez, Phil se durmió de nuevo en mis brazos, y la mañana nos encontró así, yo con los brazos entumecidos por la falta de circulación, y Phil entregado a sus sueños, como si nada le preocupase.

Temprano en la mañana, dos horas antes de nuestro vuelo, un oficial comenzó a distribuir pasaportes.

—Usted y el niño no pueden salir en este vuelo —dijo cuando era nuestro turno—. Sólo su marido se puede ir.

Willy y yo nos miramos. Sabía lo que estaba pensando y sacudió la cabeza de lado a lado. Luego dirigió su mirada al oficial.

—¿Por qué? —Willy preguntó.

—Sus nombres no están correctos en los papeles. Cuando llegue el primer vuelo a Miami, trabajarán con la oficina de Inmigración de los Estados Unidos para corregir la ortografía. Si se corrigen los nombres, es posible que pueda salir en el vuelo de las once, pero no hay garantías.

—Vete sólo —le dije—. Si no te vas, quién sabe lo que te sucederá. Estás enfermo. Por favor, vete.

—¡No! No iré a ninguna parte. Esperaré.

Mi insistencia no resolvió nada y nuestra espera se reanudó.

El primer vuelo salió después de las ocho, llevando a la mayoría de los ancianos y a las familias con niños. Fuimos la única familia con un niño que se quedó atrás. Phil se inquietó. No dejaba de preguntar por sus abuelos. Cuando dije que estaban en casa, me preguntó si podía jugar afuera. Para distraerlo, le di la leche sobrante, y dos horas más tarde, una vez más se quejó de que tenía hambre. Esto continuó por un tiempo.

Cuando estábamos cerca de las once, alguien cerca de nosotros dijo alegremente:

—¡Miren! ¡Nuestro avión está aterrizando!

Willy me apretó la mano. Abracé a mi hijo con mi brazo libre, cerré los ojos y oré.

Momentos después, un oficial comenzó a darnos instrucciones. Dos o tres hombres de la Embajada Suiza entonces nos devolvieron los pasaportes a todos. Cuando nos dieron el nuestro y nos dijeron que saliéramos para tomar el avión, aguanté la respiración.

—Vamos. ¡Camina! —Willy me susurró cuando notó la mirada confusa en mi rostro. Empezamos a caminar, siguiendo a otros pasajeros. Mientras esperábamos en la pista, Willy me susurró al oído:

—¿Ves? Todo saldrá bien.

No dije nada, pero temía que algo pasaría y no nos dejarían salir.

Me temblaban las piernas al acercarnos a las escaleras metálicas. Yo subí primero, seguida por Willy, que ahora llevaba a Phil en sus brazos.

A mitad de camino, me detuve un momento para mirar hacia la puerta del avión. Ya casi estábamos dentro. No podía creer que estuviéramos tan cerca de la libertad y me seguí diciendo a mí misma que algo ocurriría que nos obligaría a regresar. Incliné la cabeza por un momento y oré mientras subía.

—Tengo hambre —dijo mi hijo.

—Tendrás que esperar —respondió Willy. Cuando estábamos dentro del avión, me senté junto a la ventana con mi hijo en mi regazo y Willy a mi lado. Los minutos siguientes duraron toda una vida.

Miré a mi alrededor a los otros pasajeros y noté su nerviosismo, desde sus miradas vacías alrededor del avión, hasta la forma en que evitaban el contacto visual con los otros pasajeros y la tripulación. Algunos tenían sombras bajo sus ojos, pero todos parecían agotados. La mayoría de las personas en este vuelo eran adultos, la mitad de ellos en sus cincuenta y sesenta años.

Después de que todos se sentaran, el silencio reinó. Podía sentir la sangre corriendo hacia mi cabeza y me faltaba la respiración. Willy se dio cuenta y me dio unas palmaditas en el hombro un par de veces.

Cuando, por fin, el avión despegó, una sensación de alivio se apoderó de mí. Entonces, el recuerdo de los que dejaba atrás inundó mis pensamientos.

—Adiós, hijo —le dije en silencio al bebé que descansaría para siempre en suelo cubano.

No podía contener mis emociones después de eso.

Mi hijo me miró y me colocó sus manitos en el rostro.

Capítulo 29 – La despedida

—Estaré bien, mamá. No llores. No te diré más que tengo hambre.

Capítulo 30 - Libres

Los pasajeros aplaudieron cuando las ruedas del avión tocaron la pista del aeropuerto OpaLocka de Miami.

—¡Gracias, Dios mío! Al fin libres —gritó una mujer de mediana edad y ojos llorosos, dándome escalofríos.

Con asombro, mirábamos hacia afuera de las ventanas mientras esperábamos para desembarcar. Cuando al fin descendimos, extraños se abrazaron y lágrimas bañaron la pista.

Poco después de que entráramos al aeropuerto, oficiales de inmigración separaron a los hombres de las mujeres y niños. Llevaron a los hombres a una sala de interrogatorios, mientras que las mujeres y los niños eran transportados a una casona vieja, que pudo haber sido un hotel, a juzgar por el número de habitaciones. La habitación asignada a nosotros incluía dos camas, pero no tenía baño.

Capítulo 30 - Libres

Desde el momento en que llegamos, mi hijo se inquietó, preguntando por su padre, y marchando por la habitación. Le busqué una muda de ropa y una toalla fresca que había sido dejada en la cama y busqué una empleada que pudiera ayudarme a encontrar el baño más cercano. Una joven me llevó a un baño grande que incluía una bañera. Era la primera vez que Phil había visto una, y la examinó con desconfianza. Lo coloqué adentro, abrí la ducha y lo dejé jugar con el agua, con la esperanza de que eso lo ayudara a relajarse. Cuando terminó, lo vestí con un par de pantalones limpios y una camisa de manga corta que lo hacía parecer un hombrecito. Caminamos entonces de vuelta a nuestra habitación cogidos de la mano.

—¿Te gustó la ducha? —pregunté.

—Sí —dijo con una sonrisa. El resto de la tarde, se la pasó jugando con camiones imaginarios y me hizo muchas preguntas sobre su padre.

Alrededor de las seis, Willy regresó, cansado por la larga entrevista. Phil corrió hacia él y lo abrazó.

—¡Mi papá está aquí! —dijo, mientras su padre le daba unas palmaditas en la cabeza.

Willy y yo no pudimos sentarnos a hablar porque momentos después, a través de altavoces, escuchamos el anuncio de que todos necesitábamos reportarnos al comedor.

Seguimos a un grupo de hombres y mujeres, muchos de los cuales reconocí de nuestro avión, a un gran comedor amueblado con una larga mesa que acomodaba a más de treinta personas. Cuando mi hijo vio toda la comida que un empleado colocó frente a él, un plato lo suficientemente grande para un adulto (con arroz, frijoles negros, ensalada y el filete más grande que habíamos visto) comenzó a aplaudir y a reírse. Corté su filete en trozos pequeños y se lo devoró. Entonces comenzó a socializar con todas las otras familias, haciéndoles un sinfín de preguntas.

—¿Cómo te llamas? ¿De dónde eres? ¿Tienes hijos?

Esto continuó hasta que su padre le señaló que desistiera.

Al día siguiente, uno de los parientes de Willy en Miami, nos recogió y nos llevó a su casa. En Miami, nos sumergimos en la vida de un barrio acogedor localizado cerca de la calle Ocho. Me gustaba escuchar a la gente hablando español en los cafés sobre Cuba, y ver a las decenas de amigos y vecinos venir a saludarnos, tratándonos como si nos hubieran conocido toda la vida.

Tres días después de llegar a Miami, volamos al Aeropuerto Internacional John F. Kennedy de Nueva York.

Era el 23 de octubre de 1969. Al arribar, la nieve suave caía sobre nuestros cuerpos mientras descendíamos hacia la pista. Hacía frío, pero el ver la nieve por primera vez, me revitalizó y de alguna manera me hizo sentir como en casa.

Mi emoción aumentaba a medida que nos acercábamos al edificio del aeropuerto. En el momento en que se abrieron las puertas eléctricas, mi boca se abrió de par en par al escuchar los gritos y risas del gran grupo de familiares y extraños que nos acogió con los brazos abiertos. Hubo abrazos, lágrimas, besos y presentaciones. Cuando vi a los hermanos y padres de Willy abrazarlo, me sentí sola y un poco celosa.

Forcé una sonrisa, saludé a todos y hablamos por un tiempo. Los parientes pronto comenzaron a discutir entre sí sobre con quién nos quedaríamos. Todos ofrecieron sus casas. Cirilo, el que nos había ayudado a salir de Cuba, ganó la discusión.

Al día siguiente, Cirilo organizó una gran fiesta en su apartamento en Brooklyn con docenas de sus amigos. Había música de salsa, baile, mucha comida, e incluso un cantante de ópera. El pequeño Phil corrió, bailó, habló y comió como nunca.

Unos días después, Enrique nos encontró un apartamento en un segundo piso en la calle *Prospect*. Por unos cuantos dólares, el inquilino anterior nos dejó algunos de sus muebles y comenzamos nuestra vida en este pueblecito, cerca de la mayoría de los hermanos de Willy y de sus padres. En Port Chester, la gente botaba tantas cosas utilizables, que no era difícil amueblar una casa entera con lo que otros consideraban basura.

Capítulo 30 - Libres

La felicidad rodeaba a nuestra familia. Era una época en la que la música de los *Beatles* tocaba en la radio y abundaban los trabajos. Las grandes reuniones familiares y las visitas semanales a la iglesia abarcaban la mayor parte de nuestra vida cotidiana. Port Chester era un lugar mágico: a treinta minutos de la ciudad de Nueva York, asequible, acogedor, y cerca de *Stew Leonard*, nuestra parada de fin de semana favorita, una tienda de comestibles localizada en Norwalk, Connecticut. A Phil le encantaba recorrerla, pidiendo todo lo que le llamaba la atención, desde los pasteles de manzana gigantescos hasta las manzanas, melocotones y peras en una exhibición festiva de colores. Antes de irnos, siempre comprábamos un cono de helado para cada uno de nosotros.

Comimos tanto en los meses siguientes que, después de un tiempo, ya no me parecía a la chica que Willy había conocido en Arroyo Blanco. Me paraba frente al espejo con incredulidad al ver todas mis curvas.

—Necesito bajar de peso —le decía a mi suegra.

—*Mi'ja* —respondió—. Tienes el cuerpo que a los hombres les gusta. Pareces una mujer de verdad, hecha y derecha.

Ella siempre me hacía reír.

Aunque pensé que vivía en el mejor lugar del mundo, las noticias retrataban una realidad diferente: protestas en todo el país y una transformación social que amenazaba con acercar el país a la izquierda.

Willy me dijo una noche:

—Si esos socialistas entendieran, si hubiesen vivido por un día lo que yo viví, nunca protestarían contra este gran país.

—Lo que hace a este país tan grandioso es la capacidad de todos de expresar su opinión libremente —le contesté.

Agitó la mano y movió la cabeza de un lado a otro.

—No puedo creer que tú, de todas las personas, puedas estar al lado de esa gente.

—No lo estoy, mi amor. No lo entiendes.

—¿Qué no entiendo? Nadie comprende lo que está pasando mejor que yo. No pienses que, porque no fui a la universidad, no entiendo la realidad de las cosas.

De nada servía discutir con Willy. Su rostro se volvía muy rojo y sus puños se cerraban en señal de frustración. Los años que vivimos bajo un sistema socialista, y el tiempo que pasó en los campos de trabajo forzado le habían marcado más de lo que imaginaba.

El 15 de noviembre de 1969, después de que Willy regresara de su trabajo en *Arnold Bakery*, cenamos y nos sentamos en el sofá para ver las noticias en el televisor en blanco y negro. Por nuestra pantalla, vimos desfilar a medio millón de personas que se habían reunido en Washington D.C. para protestar por la guerra de Vietnam. Willy observó el informe en silencio. Después de un tiempo, respiró hondo, se levantó y dijo:

—Vamos a la cama.

—¿Puedo quedarme aquí viendo las noticias, papá? —nuestro hijo de cuatro años le preguntó.

—No, tú también te vas a la cama —dijo Willy.

Phil se cruzó de brazos y pisoteó mientras caminábamos hacia las habitaciones.

Otro tema de discusión frecuente, aparte de la política, era si debía quedarme en casa y cuidar del pequeño Phil o ir a trabajar. Willy insistía en que un hombre debía proveer para su familia, mientras que una mujer debía quedarse en casa criando a sus hijos. Sin embargo, yo quería trabajar, como las otras mujeres de la familia, pero no sabía quién cuidaría de mi hijo.

Un sábado por la mañana, cuando compartí mi frustración con mi suegra, Inés, ella respondió:

—Busca un trabajo, cariño. Ayuda a tu marido. No se lo digas a nadie, pero Phil es mi nieto favorito. Es un ángel. Me encantaría cuidarlo.

Estaba todo arreglado. Inés comenzó a cuidar de Phil, y yo empecé a trabajar para *GAF Corporation* cosiendo una variedad de productos hechos de fieltro. Estaba tan feliz de tener un trabajo. Después de un tiempo, realizaba mi trabajo tan rápidamente que pronto aumentó el dinero que traía a casa.

A menudo pensaba en mi hermana y en mis padres e hice la promesa de que no descansaría hasta que ahorrara lo suficiente para sacarlos de Cuba.

Capítulo 31 – Complicaciones

El 31 de mayo de 1970, limpié la casa como hacía todos los domingos. Cuando terminé, me paré frente a Willy y giré mis manos hacia arriba, como si le preguntara: —¿Qué te parece?

Me abrazó y me dio un beso en la mejilla.

—Perfecto —me dijo.

Willy me ayudaba con los quehaceres de la casa, siempre arreglando algo roto, o pintando.

Yo estaba a punto de sentarme en el sofá para descansar cuando sonó el timbre de la puerta.

—Siéntate —dijo—. Yo iré a abrir.

Momentos después, escuché a Willy decir:

—¡Qué sorpresa! ¿Qué hacen por aquí tan temprano? Pero por favor, pasen.

Sonreí cuando vi a Willy abrazando a su hermano Rolo y a su esposa, Maritza.

Capítulo 31 – Complicaciones

—¡Hola! —les dije alegremente, levantándome del sofá, y caminando hacia ellos—. Por favor, siéntense. Les traeré un poco de café.

—No, no te molestes. Acabamos de tomarnos una taza cada uno —dijo el hermano de Willy—. Nos vamos pronto. Es que quería verte en cuanto me enteré de las noticias.

Willy, Rolo y Maritza se sentaron en el sofá cubierto de plástico y yo en una silla frente a ellos.

—¿Qué noticias? —le pregunté.

Me miró con preocupación.

—¿No has oído nada? —preguntó Rolo.

—No, ¿qué pasó?

—Bueno... es que —vaciló por un momento—. Castro ha decidido no dejar a nadie más salir de Cuba.

—¿Qué? —le pregunté.

Abruptamente, me levanté y me puse las manos en el pecho.

—Rolo, no juegues así —le dije.

—Hablo en serio.

Mis piernas se sentían débiles. A los veintinueve años, no estaba preparada para perder a mis padres y a mi hermana.

—Rolo, por favor dime que eso no es cierto —le dije.

—Lo siento, Madeline —respondió Rolo—. Ese malvado no se conforma con destruir a nuestra isla. Ahora, también quiere destruir a las familias.

Me dejé caer en una silla y lloré por un largo tiempo. El hermano de Willy me miraba en silencio, mientras Maritza vino a mí y me dio unas palmaditas en la espalda.

Al fin, logré contener mis emociones y me fui a la cocina a hacer café para todos. Tenía que hacer algo. Maritza me siguió a la cocina y comenzó a hablar de sus hijos, pero mi mente estaba en otra parte. Como si se diera cuenta de mi desinterés, se excusó y se unió a su marido en la sala. Cuando me dejó sola, pensé en la carta más reciente de mi hermana. La había leído varias veces, pero aún no había enviado mi respuesta. Decía:

Querida hermana:

Espero que tú y la familia se encuentren bien. Trato de imaginarme todas las cosas bonitas que me dices en tus cartas: la nieve que cubre el pueblo, como una manta, en el invierno; las bonitas casitas blancas con portales, los jardines llenos de flores en la primavera, y las tiendas con estantes repletos de comida. Es como si estuvieses viviendo en un mundo de fantasía.

La vida es muy diferente aquí, y sólo está empeorando. El gobierno prácticamente está obligando a Alexis a apuntarse en el ejército. Él no quiere nada que ver con este gobierno, y te puedes imaginar cómo se siente. El otro día, comenzó a temblar incontrolablemente. No sabía qué hacer. Lo abracé y lo besé hasta que se tranquilizó. El doctor me dijo que había tenido un ataque de nervios. Mucha gente aquí está perdiendo la cabeza. Un par de personas que Alexis conoce se suicidaron.

¿Qué le está pasando a nuestro país, mi hermana? ¿Cómo pueden las cosas ponerse tan mal?

Espero que puedas sacarnos de aquí pronto. Te extraño muchísimo. Tengo ansias de que llegue el día en que pueda abrazarte de nuevo. Te enviaré fotos de tu sobrina pronto. Está creciendo mucho. Alexis cree que se parece a mí.

Cuida de mi lindo sobrinito Phil, y a Willy, el mejor cuñado del mundo. Dales un abrazo a los dos de mi parte. Hasta que nos veamos de nuevo.

Tu hermana.

Mi hermana no se podía imaginar que yo hubiese dado todas mis posesiones por poder tenerla en mi vida de nuevo. Nuestra reunificación, ahora en espera por un período indefinido, lo cambió todo.

***

Cuando comencé a aceptar la idea de que pasarían años antes de que pudiera volver a ver a mis padres y a mi hermana, traté de mantenerme ocupada. ¿Qué más podría hacer?

La vida en los Estados Unidos parecía moverse más rápido que en Cuba. Willy y yo trabajábamos por las noches, un horario que resultaba en un salario más alto por hora. Eso significaba que teníamos que dejar a Phil con sus abuelos. Tan protectores como nosotros éramos con él, no fue fácil dejarlo, pero teníamos sueños y metas para nuestra pequeña familia y deseábamos aprovechar todas las oportunidades que nuestra nueva vida nos brindaba. Willy ahora entendía que, si yo trabajaba, nuestras vidas mejorarían rápidamente.

Una noche, mientras yo trabajaba en *GAF Corporation* en Greenwich, Connecticut y Willy en *Arnold Bakery* en la misma ciudad, no sospechamos lo que estaba ocurriendo en la casita de los abuelos de Phil, en Rye, New York.

Al terminar en la panadería, Willy me recogió, y llegamos a casa después de medianoche. Todavía no nos habíamos bañado cuando sonó el teléfono.

—Señora — la voz femenina decía en español. Luego se identificó como oficial de policía —. ¿Es usted Madeline Montes?

Contuve la respiración por un momento, dándome cuenta de que algo andaba mal. La mujer me dijo que estaba llamando desde un hospital en Port Chester donde mis suegros y Phil habían sido llevados.

—¡Dios mío! ¡Por favor, dígame que mi hijo y mis suegros están bien!

Comencé a llorar sin permitir que contestara. Seguí repitiendo las mismas frases como una loca, sonando cada vez más como mi madre. Willy se acercó a mí y me quitó el teléfono de las manos.

—Nuestro hijo, Willy. ¡Es nuestro hijo! —Dije entrelazando mis dedos sobre mi cabeza.

Willy escuchó a la mujer mientras explicaba el resto de la historia. Un vagabundo que se había quedado dormido en el portal, de alguna manera logró incendiar la casa mientras mi familia dormía. Todos estaban en condición estable. El niño se había sometido a un tratamiento por inhalación de humo. La oficial nos pidió que fuéramos al hospital, ya que necesitaba hacernos otras preguntas. Salimos corriendo de la casa, sin comer nada.

Willy conducía nuestro *Pontiac* blanco, mientras yo temblaba como un pájaro asustado. Llegamos al hospital *United* en Boston Post Road en cinco minutos.

En medio de la noche, la fachada de color bronceado del edificio más alto del pueblo de Port Chester parecía imponente, casi aterrador. Después de estacionar el carro, nos dirigimos hacia la entrada principal.

Un policía nos esperaba en el vestíbulo. Explicó que la casa había sufrido daños sustanciales. El pie de mi suegra sufrió un pequeño corte cuando los bomberos los obligaron a ella y a mi suegro a salir de la casa. Después de ser sacados de la casa, Inés siguió gritando a los bomberos en español que su nieto todavía estaba dentro, pero no podían entenderla.

Después de varios intentos fallidos de comunicarse con los trabajadores de emergencia, los abuelos de mi hijo trataron de entrar a la casa, sólo para ser detenidos por la policía. Una vecina que escuchó los gritos de mi suegra tradujo sus palabras a los bomberos. Para entonces, la casa estaba envuelta en llamas. Uno de los trabajadores de emergencia entró por una ventana. Momentos después, volvió con el pequeño Phil en sus brazos.

Phil estuvo dentro y fuera de sí por un tiempo, pero después del tratamiento, comenzó a mejorar. Cuando lo vimos, Willy y yo lo abrazamos y le dimos docenas de besos. Parecía asustado, con la carita sucia por las cenizas.

Mi hijo y mis suegros habían sido colocados en camas, a pocos pies de distancia entre sí, pero los abuelos no conocían la condición del niño pues no hablaban suficiente inglés para preguntar por él, así que temían lo peor.

—Es mi culpa —Inés siguió repitiendo mientras sollozaba—. Vivíamos en una casa barata. Debimos haber vivido en un lugar mejor. Lo siento mucho. Si algo le pasa a mi nieto, acabaré con mi vida. Ya perdiste un bebé, y no podría soportar que perdieras a otro por mi culpa. Lo siento mucho.

Ella sollozaba con la tristeza de una madre que acababa de perder a su hijo. Me rompió el corazón verla así. Le expliqué lo que la policía me había dicho, pero le tomó un tiempo calmarse.

Después de salir del hospital, mis suegros, ahora sin hogar, se mudaron conmigo por unos meses. Luego de su alta del hospital, Phil siguió tosiendo y expulsando tizne de sus pulmones hasta que poco a poco comenzó a mejorar.

El fuego unió a nuestra familia, haciéndonos comprender la naturaleza fugaz de la felicidad. En las reuniones familiares que siguieron, bailamos, disfrutamos de comidas familiares y celebramos nuestras vidas como nunca.

Capítulo 32 – El retorno

En 1979, las estaciones de televisión de Tampa, Florida anunciaron la noticia. Los Viajes de la Comunidad habían comenzado. Con el fin de aumentar el turismo y mejorar una economía colapsada, Fidel Castro comenzó a permitir que los cubanos regresaran a visitar a sus familias luego de nueve años sin que esto fuera posible.

—Oye, ¿escuchaste lo que acaban de decir? ¿Oí bien? —le pregunté a Willy, y él asintió con la cabeza.

Las emociones se asomaron a mis ojos, como si el paso del tiempo me hubiese convertido en mi madre. Para entonces, la chica de Arroyo Blanco que salió de Cuba había desaparecido. A los treinta y nueve años, las horas de trabajo duro, la angustia de estar lejos de mis padres, de mi hermana y del lugar que una vez llamé mi hogar, más la preocupación constante por mis hijos se habían encargado de esfumar aquella chica.

Phil había perdido su mirada infantil para transformarse en un equilibrado joven de catorce años. Nuestros gemelos, nacidos en el 1976 en el hospital *United* en Port Chester, Nueva York, acababan de cumplir tres años. Todos los familiares de Willy se habían mudado de Nueva York a la Florida. Algunos vivían en Tampa y otros en Orlando, pero a medida que sus familias crecían, también lo hacía la distancia entre los hermanos.

Mi esposo sabía que yo no tenía otra opción que visitar a mi familia en Cuba por mi cuenta, ya que él tenía que quedarse en Tampa con nuestros hijos; además, viajar a la isla era caro. Temía por mi seguridad ya que no confiaba en el gobierno cubano. Por muy difícil que hubiera sido salir de la isla, ambos sabíamos que el regreso planteaba graves riesgos. ¿Y qué pasaría si luego no me dejaban salir?

Durante los días que me preparé para mi regreso, mi esposo seguía repitiéndome la misma promesa: si el gobierno no me dejaba salir de Cuba, iría allí y mataría a tantos comunistas como pudiera, incluso si perdiera la vida en el proceso. Me recordó a Phil cuando su padre trabajaba en los campos.

—No vas a matar a nadie —le dije—. Tienes que cuidar de nuestros hijos. Deja de hablar boberías.

Me miró y se cruzó de brazos.

—¿Crees que estoy bromeando?

Cada vez que lo veía tan enojado, le traía un plato de su postre favorito. Mi suegra siempre me decía que la comida era el camino hacia el corazón de un hombre, algo que ciertamente aprendí a través de los años.

La gran cantidad de personas que regresaron a Cuba para ver a sus parientes hizo que mis papeles se retrasaran. Pasaron casi tres meses antes de que todo estuviera listo, incluyendo los documentos de reingreso. Dejamos a los gemelos con uno de mis cuñados, y juntos, Phil, Willy y yo viajamos hasta Miami en auto. Desde allí, yo tomaría un vuelo directo a Camagüey. El gobierno cubano solo me permitió llevar un número limitado de libras de equipaje, así que usé varios pares de ropa interior, dos blusas y dos pares de pantalones. La ropa y la medicina que llevaba para mi familia la transporté en una bolsa larga de tela llamada *gusano*.

Cuando me despedí de mi hijo y de mi esposo en el Aeropuerto Internacional de Miami y me fui hacia el avión, sentí como si hubiese dejado una parte de mi corazón. Volteé la mirada hacia atrás varias veces, observando a los dos hombres más importantes de mi vida parados a un par de pies de distancia el uno del otro.

Phil y yo nos llevábamos muy bien, pero no compartía los mismos intereses con su padre. Willy trabajaba en *Tampa Shipyards*, un trabajo difícil que requería que pasara horas reparando barcos bajo un calor extremo. Ese trabajo lo endureció, especialmente después de ver morir a uno de sus compañeros de trabajo a causa de un ataque del corazón.

Sin embargo, le pagaban bien, y Willy hacía lo que tenía que hacer para proveerle a su familia.

A Phil no le gustaban las actividades físicas. Prefería pasarse horas leyendo, razón por la cual sus compañeros de escuela lo llamaban "*el Profesor*". Willy quería que nuestro hijo se le pareciera más, pero había heredado las cualidades que yo admiraba de mi padre.

Padre e hijo ocuparon mis pensamientos hasta que entré al avión. Luego me concentré en mi nueva realidad y mi excitación aumentó. Pronto, estaría en casa. Mis ojos ansiosos escanearon las caras de los otros pasajeros. Me di cuenta de que compartían mi nerviosismo.

Luego de un rato, el hombre del asiento a mi lado comenzó a formularme preguntas sobre mi familia. Habló durante la mayor parte del vuelo, haciéndolo más llevadero. Mientras tanto, yo podía escuchar las conversaciones a mi alrededor: las presentaciones, las preguntas y la curiosidad sobre los acontecimientos que nos unían en este viaje.

—¿En qué año te fuiste? ¿De dónde eres? ¿Cuántos pantalones llevas puestos?

La mayoría de las conversaciones giraban en torno a las respuestas a esas preguntas.

Minutos antes de aterrizar, el piloto hizo un anuncio que me hizo sentir escalofríos en todo mi cuerpo:

—Damas y caballeros, sabemos que han pasado años desde la última vez que vieron su tierra. En pocos minutos, si miran hacia el mar, observarán las aguas de la zona costera de Santa Cruz del Sur. Ya casi están en casa. Bienvenidos a su suelo cubano.

Todos los ojos dentro del avión, llenos de emoción, miraron en dirección de la ventana más cercana. Mi asiento ofrecía una vista perfecta de la geografía de abajo, por lo que las palabras de Cristóbal Colón, el explorador italiano, resonaban en mis oídos:

—Cuba es la tierra más hermosa que ojos humanos hubieran visto.

En todo su esplendor, allí, a pocos metros del avión, descansaba la tierra que anhelaba ver, el lugar que vivía dentro de mí y que corría por mis venas. El hombre sentado junto a mí, tan hablador como lo había sido hasta ahora, se quedó en silencio y secó una lágrima que le corría por el rostro.

—Estaremos en casa pronto —le dije, pero él no podía responder y miró hacia otro lado.

Luego que aterrizamos, nos dirigimos a la aduana, y un agente del gobierno me confiscó una grabadora que le había traído para mi hermana. Este acto hizo que los malos recuerdos regresaran, al igual que las razones por las que me fui.

Cuando terminé mis gestiones con la aduana, comencé a caminar hacia la salida. Mis piernas temblaban mientras pensaba en el reencuentro con mis padres y mi hermana, pero los acontecimientos que me rodeaban me distrajeron de mis pensamientos. Cuando el grupo de pasajeros que me acompañaban en el avión y yo llegamos a la sala de espera, los gritos de alegría, el llanto, y los abrazos abrumaron el aeropuerto. Un adolescente abrazó a su padre; una abuela besó a su nieta, una hermana abrazó a un hermano y gritó:

—Mi hermanito. ¡Te extrañé tanto!

—Madeline —una voz femenina gritó.

La reconocí en la distancia, cuando la vi corriendo en mi dirección. Vestía una blusa rosada, pantalones blancos y sandalias del mismo color. Su pelo largo rebotaba sobre sus hombros. Mi hermana. Mi hermanita. No quería dejar caer mi pesado equipaje, por miedo de que alguien se lo llevara, pero caminé más rápido, con una sonrisa dibujada en mi cara y los ojos llenos en lágrimas.

Mientras más se acercaba, noté que tenía el cabello más claro y que había dejado atrás su cuerpo de adolescente.

—¡Mi hermana! —grité. Al fin, nos alcanzamos. Coloqué el pesado *gusano* en el suelo y nos abrazamos, deseando que ese momento durara para siempre.

—Te extrañé mucho, mi hermanita —le dije.

—¡Yo también a ti! —respondió—. Todas las noches, oraba para que este momento llegara.

Recordé entonces las palabras que me dijo cuando era niña y yo llegaba a casa unos minutos tarde, y ella temía la retribución de mi madre:

Capítulo 32 – El retorno

—Defiéndete, Madeline. Defiéndete.

Siempre se preocupó por mí. Alexis, pareciéndome más delgado de lo que recordaba, se me acercó con una sonrisa tímida, me dio la bienvenida y un cálido abrazo. Luego de una conversación breve, recogió mi equipaje y nos llevó a su vehículo. Entonces comenzamos el viaje hacia su casa. Mientras miraba a mi alrededor, sentada junto a mi hermana en el viejo camión rojo de Alexis, me di cuenta de que poco había cambiado. Los bosques y los pastos todavía vestían de colores exuberantes y los cielos llevaban su traje más azul, pero muchos pueblecitos habían desaparecido después de que los negocios estadounidenses se fueran y la gente se marchara a la ciudad o al extranjero.

La conversación me distrajo por un tiempo, pero después de que el camión se estacionara frente a la casa de Alexis, y viera a mis padres salir, mi madre aferrándose al brazo de mi padre con una mano y bloqueando el sol de sus ojos con la otra, me pregunté cómo encontraría la energía para correr hacia ellos. Yo temblaba de felicidad.

—¡Papá! —grité cuando logré saltar del camión. Me tomó más tiempo de lo que hubiese querido para que la palabra 'Mamá' brotara de mi boca, pero cuando lo hice, las lágrimas rodaron por mi rostro, notando que ambos habían envejecido más allá de sus años. Mis padres tenían el pelo blanco y arrugas pronunciadas alrededor de sus ojos.

Corrí hacia ellos y los llené de abrazos y besos, notando la delgadez esquelética de mi padre, la cual me preocupó. A la vez noté que no actuaba con la asertividad de sus años de juventud. Papá me acarició el cabello, me miró con amorosa curiosidad y lloró.

Mis padres no me dijeron cuánto me habían extrañado, pero sus expresiones me lo decían todo. Mientras me preguntaban acerca de mi viaje, a través de mi visión periférica, vi a una niña y a un niño saliendo de la casa y acercándose tímidamente a nosotros. La chica llevaba un vestido blanco sin mangas, y sus rizos negros caían sobre sus hombros. El chico, de pelo negro, llevaba un par de pantalones cortos blancos y una camiseta, también blanca. Los reconocí por las fotos que Nancy me había enviado. La niña, de diez años, se parecía a Nancy a esa edad, y el niño, de ocho años, se parecía a su padre.

—Mis bellos sobrinos —dije con una amplia sonrisa y extendí mis brazos para rodearlos con un fuerte abrazo.

El olor de la tierra, las matas de plátanos cerca de la casa y el sonido de un gallo cantando me recordó la casa que una vez tuve. La idea de que tendría que dejar a mi familia atrás nuevamente en sólo una semana ya se sentía insoportable.

Después de un tiempo, docenas de familiares y vecinos se unieron a nosotros y me inundaron de preguntas. No me trataban igual que cuando yo vivía en Cuba, sino de una forma cautelosa, y me miraban con una admiración inmerecida, ansiosos por complacerme. No quería que me trataran de esa manera e hice todo lo posible para demostrarles que, aunque me vistiera con ropa diferente, no había cambiado. Sin embargo, por mucho que lo intenté, esa barrera, esa percepción de que el tiempo había borrado la vieja Madeline, se interpuso entre mi familia y yo como un doloroso recordatorio de que nada sería igual.

Después de la cena, cuando todos los vecinos se habían ido, comencé a distribuir los regalos que le había traído a mi familia. Le di a mi sobrina, Evelyn, varios vestidos. Sus ojos brillaban con tanta felicidad que deseé haberle podido traer más. Momentos más tarde, mi sobrina desapareció en la parte trasera de la casa y regresó con algo envuelto en un pedazo de papel de *cartucho*. Me lo entregó y me miró con alegría mientras yo lo desenvolvía.

—¿Un regalo para mí? —le pregunté.

Ella asintió con la cabeza.

Cuando vi un pedazo de jabón usado, hice todo lo que pude para contener mis lágrimas.

—Te guardó un pedacito del jabón que ella usaba para que tú te bañaras con él —dijo su madre. Quería que usaras el mismo jabón.

Le di un abrazo a mi sobrina y le di las gracias por su regalo.

Frente a mí estaba una niña que no tenía nada, a veces, ni siquiera jabón, pero quien se sentía inclinada a compartir lo poquito que tenía conmigo, alguien que lo tenía todo.

Capítulo 33 – Mi visita

Al día siguiente de mi llegada, viajé junto con mi hermana y su familia a la finca *Estrella*, la granja que había sido de mi abuelo y donde se encontraba la casa en la que residían mis padres. Allí yo me alojaría por el resto de mi estadía en Cuba.

En el camino, me di cuenta de que, a no ser por la cantidad de personas que se había marchado de estas zonas, parecería que el tiempo se había detenido. Era como si el video de la historia de Cuba estuviese en pausa. El sonido fuerte del motor del camión y el viento cálido que acariciaba mis oídos dificultaban nuestra conversación a lo largo de un viaje lleno de baches. La mayoría del tiempo, viajamos por caminos de tierra bordeados de arbustos o pequeñas casas de campo. De vez en cuando, yo miraba hacia atrás para asegurarme de que Nancy y sus hijos estuviesen bien, ya que habían insistido en sentarse en la cama del camión.

La noche anterior, un pariente se había llevado a mis padres para la antigua casa de mis abuelos para que mamá tuviera tiempo de preparar un gran banquete para la familia. Le rogué que no se preocupara, pero la conocía bien. Le di dinero para que comprara en el mercado negro lo que necesitaba, ya que la comida que podía comprar con la tarjeta de racionamiento no era suficiente para alimentarla a ella y a papá, y menos al gran grupo de visitantes que esperábamos.

Al entrar en la granja que una vez perteneció a mi abuelo y que el gobierno nacionalizó en la década del 1960, la encontré descuidada y olvidada, tan diferente de las tierras vibrantes y productivas que fueron el orgullo de mis abuelos.

Los trabajadores del gobierno habían eliminado la mayor parte de los árboles de mamey, mango y aguacate que los trabajadores de mi abuelo habían plantado. El objetivo era cultivar caña de azúcar, pero debido a la mala administración y a la falta de conocimiento, eso nunca sucedió, por lo que la hierba mala se apoderó de la tierra vacía y desatendida, mientras que dos tractores oxidados esperaban en un costado del terraplén.

Al transitar, el camión levantaba el polvo del camino de tierra. Mamá debe haber visto el camión a través de su ventana porque para cuando estacionamos frente a la casa, ella y mi padre habían salido al portal: nos sonreían y nos saludaban. Era temprano, y el sol de la mañana iluminaba la pequeña parcela de verduras humedecidas por el rocío y que rodeaban la casa. Mis padres habían hecho buen uso de la tierra que el gobierno les permitió guardar, y su jardín se veía exuberante y saludable, en contraste con las malas condiciones que reinaban sobre el resto de la granja.

En dos horas más la casa de mis abuelos estaría llena de familia, como cuando ellos vivían allí. Comeríamos pollo fresco con arroz, frijoles y papas, y tomaríamos cerveza fría. Mamá creía que, aunque mis abuelos estuviesen muertos, nunca habían abandonado la granja. Pensaba que velaban por su familia, por los pocos que vivían en Arroyo Blanco y en la parte sur de Camagüey. Pensaba que mientras uno de sus hijos o nietos vivieran, ellos los cuidarían.

Mamá se esmeró en la cocina ese día. Después de almorzar, sentados alrededor de la gran mesa del comedor o en cualquier espacio donde pudieran encontrar un lugar para sentarse, los parientes conversaban animadamente. Me gustaba ver la casa tan llena y vibrante. Hasta Tía Rosita vino de visita. Su cabello se había vuelto gris, pero tenía tanta energía como cuando jugaba con Sultán en el portal de mis abuelos.

Todos se enzarzaron en la conversación, excepto mi padre. Se sentó en una esquina del comedor y no habló mucho. Después de un tiempo, me miró, se levantó de su silla, y caminó hacia la parte posterior de la casa. Me disculpé y lo seguí hasta el dormitorio que compartía con mamá. Se sentó en una silla y yo en el borde de la cama frente a él. Después, levantó la cabeza, y sus ojos, escondidos detrás de lentes gruesos, se encontraron con los míos.

—No hemos tenido la oportunidad de hablar —dijo—. Me alegra mucho que hayas venido. Solo necesitaba un par de minutos a solas contigo. Espero que no te moleste.

—Claro que no, papi. Te extrañé tanto.

Me quedé en silencio por un momento, haciendo todo lo posible para contener las lágrimas, hasta que por fin las palabras pudieron brotar nuevamente de mis labios.

—¿Por qué no me dejas reclamarte a ti y a mamá? Te ves tan infeliz aquí.

—No puedo dejar a tu hermana y a sus hijos aquí. Lo sabes. Ella me necesita más que tú, especialmente ahora que tiene dos niños. Nunca te pediría que reclamaras a todos. Es demasiado caro.

Se detuvo por un momento, miró hacia abajo, y luego centró sus ojos en mí una vez más.

—No te mentiré... Vivir en este lugar me está matando. Sabes lo duro que trabajé toda mi vida y lo duro que trabajaron mis padres para dejarle a la familia los frutos de nuestro trabajo. El ver cómo todo ese trabajo se volvió insignificante en un instante, era algo que no estaba listo para enfrentar. Cuando este gobierno decidió apoderarse de nuestras tierras para hacer con ellas lo que le diera la gana, fue como si nos hubiesen borrado a tus abuelos y a mí. Lograron que todos nuestros sacrificios fueran en vano.

Mi padre miró en la dirección de la puerta del dormitorio, lo que me hizo concluir que quería cerciorarse de que nadie estuviese escuchando.

—No has sido borrado papá. Nadie puede hacer eso. Mira la gran familia que tú y mamá crearon. ¿Crees que eso no cuenta?

—Mi 'ja, tú no me entiendes. Un hombre no puede vivir sin libertad.

Se quedó callado de nuevo.

—¿Sabes? Lo curioso es que esta decisión de permitir que la gente visite a sus familias después de tantos años tendrá consecuencias que no han anticipado. Cometieron un gran error.

—¿Qué quieres decir?

—¡Mira cómo te están tratando! — susurró—. Tu visita está abriendo muchos ojos que hasta ahora se habían cerrado. Cuando un ciego no ha visto la luz, no la extraña porque la oscuridad es todo lo que conoce. Pero si le das un poquito de luz, vivir sin ella le costaría mucho. El gobierno te quitó todo cuando te fuiste. Ahora regresas, contándonos sobre la increíble vida que vives. No tiene nada que ver con las cosas materiales, aunque, por supuesto, eso ayuda, pero tienes la libertad de viajar prácticamente a cualquier parte del mundo. Puedes comprar una casa si quieres. La propiedad privada se respeta en los Estados Unidos. Puedes decir lo que quieras sobre el gobierno y no te pasará nada. Tu visita le está mostrando a la gente que a pesar de este gobierno haya destruido nuestra vieja Cuba, aquellos que tuvieron la suerte de irse prosperaron en un país capitalista. Eres prueba de que el comunismo no funciona. Va contra la fibra del ser humano.

Yo había escuchado atentamente a mi padre, asintiendo con la cabeza a lo largo de su monólogo, dándome cuenta de lo mucho que necesitaba decir lo que sentía. Luego respiré hondo. Yo también temía que alguien pudiera estar escuchando, así que decidí cambiar el tema.

—Bueno, dime papá, ¿has visitado Arroyo Blanco recientemente? Extraño mi pueblo.

—La última vez que lo visité, me resultó irreconocible. Nada es lo que era, así que dejé de ir. Nuestro pueblo ha sido borrado.

Escuchar sus palabras me entristecía, pero no se lo quise dar a entender.

—Vamos papi. No hablemos más de este gobierno. Estoy aquí contigo ahora, y eso es lo que cuenta. Quiero que seas feliz. La vida es demasiado corta.

Sonrió y asintió con la cabeza. Nuestra conversación luego cambió a mis hijos, a la familia que dejé atrás y a los planes que tenía para el futuro. Pude ver sus ojos brillando cuando le conté sobre la casa que Willy y yo habíamos comprado para los gemelos y para Phil. Le mostré fotos recientes de ellos, y me preguntó si podía quedarse con ellas.

—Por supuesto, papá —le dije—. Quédate con todo lo que quieras.

Capítulo 34 – Una nueva realidad

Mi hermana y Alexis solo sabían de la vida en los Estados Unidos a través de mis cartas, pero la propaganda de Castro se encargó de nublar su entendimiento. El gobierno lo controlaba todo: los medios de comunicación, los medios de producción y las vidas de todos. Yo también sabía poco sobre la nueva Cuba, que a lo largo de los años se había acercado más a la Unión Soviética.

Los hijos de Nancy cantaban canciones rusas y el himno comunista *La Internacional.* Sus maestros les decían que aquellos que se habían ido de Cuba eran traidores de la patria. Nancy les llamaba a estas tácticas "lavado del cerebro", y por mucho que ella tratara de contrarrestar lo que a sus hijos le enseñaban en la escuela, presentía que estaba perdiendo la batalla. Sus hijos, viviendo la oscuridad y desconectados del mundo, me demostraron lo que le hubiese pasado a Phil si nos hubiésemos quedado en Cuba.

Durante mi corta estadía en la isla, a pesar del constante tráfico de parientes, que entraban y salían de la casa, y de las interminables conversaciones que tomaban la forma de sesiones de interrogatorio, logré observar la interacción entre Nancy y Alexis. Eran perfectos el uno para el otro. Alexis la tomaba de la mano cuando caminaban juntos y la miraba con una ternura que me hizo sentir una gran sensación de alivio. Yo sabía que él nunca permitiría que nadie la lastimara. Ella correspondía a su amor con miradas tímidas y juguetonas y pequeños empujones cuando él la miraba pícaramente.

Antes de mi regreso a Cuba, Alexis y Nancy ya querían irse, y mis conversaciones con ellos sobre la vida en los Estados Unidos sólo reafirmaron su deseo. Desafortunadamente, las reglas les habrían exigido viajar primero a España, un factor complicado dada las edades de sus hijos y la de mis padres. Además, los padres de Alexis no tenían planes de irse. Cuando su madre se enteró de los deseos de su hijo, para mi sorpresa, le dijo:

—Si me dejas y te vas a España, desearé que tu avión desaparezca en el mar. Será menos doloroso saber que estás muerto, que saber que estás vivo y que nunca te podré volver a ver.

Después de considerar todos los hechos, Alexis decidió que no sería una buena idea irse, lo que condenó a mis padres a permanecer en Cuba.

Durante el tiempo que pasé en Camagüey, nunca se me ocurrió visitar la tumba de mi hijo. Me dije a mí misma que no tenía suficiente tiempo para ir, cuando, en realidad, mi deseo de no revivir el pasado dictaba mis acciones.

No vi a mi vieja amiga Mirta durante mi viaje, pero supe que se había mudado. Muchas de las personas que recordaba de mi infancia, como Migdalia, la partera de Arroyo Blanco, habían desaparecido de estas partes y nunca se supo de ellas.

El día de mi partida, todos los que conocieron a mis padres, o que se habían enterado de mi visita, vinieron a despedirse. Nunca esperé ver lo que presencié ese día. La gente hizo una larga fila a lo largo del camino de tierra por donde pasó mi taxi después de salir de la casa de mis padres. Hombres, mujeres y niños, comunistas y quienes se oponían al gobierno, todos se despidieron y sonrieron. A juzgar por el número de personas, parecía como si todo el pueblo y habitantes de los alrededores se hubiesen unido a la multitud. Vi en sus expresiones un anhelo de una vida diferente, una admiración por mí que no merecía.

Dentro del taxi, Alexis y Nancy, con quienes compartía el asiento trasero, expresaron su sorpresa al ver a simpatizantes del gobierno tratándome como una dignataria extranjera.

—Por primera vez en años, la ciudad está unida. Esto lo lograste tú, Madeline —dijo Alexis.

No estaba de acuerdo con él. Yo era el espectáculo del momento. Después de mi partida, yo sabía que todo sería como antes.

Capítulo 34 – Una nueva realidad

Durante el viaje al aeropuerto, Nancy me sostuvo de la mano y me miró como si no quisiera que me fuera.

—No te olvides de escribir y dale un abrazo a mi sobrino de mi parte —dijo—. Dile que lo adoro. Dales un beso a los gemelos de mi parte.

Asentí con la cabeza. Luego Nancy me acarició el pelo y examinó mi atuendo.

—No tenías que haberte puesto mi vestido viejo —dijo, ya que yo le había dejado toda mi ropa y mis zapatos.

Alexis miró mi vestuario por un momento.

—Pero ¿qué hay de malo con esa ropa, Nancy? Ahora se parece a uno de nosotros.

—¿Y qué tiene de malo eso? —les pregunté.

—Pero Madeline, míranos. Parecemos zombis. Hay dos tipos de cubanos, los que han perdido la cabeza y los que se han convertido en zombis.

El conductor, un amigo de Alexis, hizo un gesto negativo con la cabeza. Alexis dijo un par de chistes más sobre la vida en Cuba, pero me di cuenta de que estaba siendo más cauteloso que antes, como si tuviera miedo de que el conductor lo reportara.

Al acercarnos a un letrero que decía "Te quiere y abraza, Camagüey," situado en las afueras del aeropuerto, una simple frase que da la bienvenida a los visitantes, Alexis dejó de hablar.

Temiendo que el conductor le contara a la persona equivocada sobre los comentarios de Alexis, insistí en pagarle al conductor en dólares, una moneda más valiosa que el peso que lo ayudaría a comprar productos en el mercado negro. Los ojos del conductor se iluminaron, y me aseguró que siempre estaría a mi servicio si decidía regresar.

Más tarde, cuando abracé a Alexis y a mi hermana, Nancy derramó una lágrima.

—Regresaré, mi hermanita. Nos volveremos a ver pronto.

Ella asintió con la cabeza y sus ojos se centraron en los pisos pulidos del aeropuerto. Sin saber cuándo podría regresar a Cuba, les di un abrazo final.

Más tarde, mientras me alejaba, pensé en los últimos días. Aunque Cuba se había quedado atascada en el pasado, mientras el mundo seguía avanzando, la fibra de su gente había cambiado. Los temores los habían hecho aceptar su nueva realidad.

Descubrí que ya yo no pertenecía a Cuba. Aquellos que se quedaron ahora me consideraban una extranjera y se referían al lugar donde yo vivía como "tu país".

Sin embargo, yo me sentía como una extranjera en los Estados Unidos, en parte porque había viajado allí como adulta y no dominaba el idioma. Si yo no pertenecía a Cuba ni a los Estados Unidos, ¿entonces a dónde?

Fue entonces que comprendí que cuando viajé al extranjero, dejé de pertenecer a un lugar u otro y me convertí en una ciudadana de mis recuerdos.

Capítulo 35 - Graduación

Desde nuestra llegada a los Estados Unidos, habíamos experimentado tres administraciones diferentes; las de los presidentes Nixon, Ford y Carter; los dos primeros republicanos y el último demócrata. Cada uno tenía su propio enfoque y perspectiva sobre la economía y el bienestar social y su propio conjunto de desafíos. Sin embargo, no importaba quién estuviese en el poder, el país marchaba hacia adelante. Cuba, por otro lado, permaneció en el pasado, con casas y edificios que se derrumbaban por falta de mantenimiento y una economía cada vez más frágil.

Castro seguía prometiendo mejores tiempos, pero a medida que pasaban los años y las promesas seguían sin cumplirse, la paciencia de la gente comenzó a evaporarse. La apertura de Cuba a quienes la habían abandonado años antes levantó el velo de los ojos de los que se quedaron atrás, lo que llevó a los inevitables acontecimientos que siguieron.

En el 1980, el *Washington Post* publicó un artículo en el que describía cómo un grupo de cubanos había arribado a los terrenos de la Embajada de Perú en La Habana en un autobús robado. Al entrar, pidieron asilo político.

Capítulo 35 - Graduación

Cuando los funcionarios de la embajada se negaron a entregarle ese grupo a las autoridades, Castro retiró sus guardias de la entrada, lo que resultó en que miles de cubanos inundaran sus terrenos. Estos acontecimientos conllevarían a uno de los mayores éxodos de la historia cubana: el éxodo de Mariel. Ese año, el presidente Jimmy Carter permitió que más de 120,000 cubanos llegaran a nuestras costas. Algunas personas en los Estados Unidos no estaban contentas con esta medida, mientras que otras acogieron a los refugiados con los brazos abiertos.

Mi hijo Phil, quien poco después de que comenzara el éxodo cumplió quince años, fue parte de un grupo que se reunió en el Parque MacFarlane en Tampa para apoyar a los refugiados, sin saber que la chica que algún día se convertiría en su esposa era una de las refugiadas. El gran número de inmigrantes que vinieron a nuestras costas no tardó en abrumar a las autoridades de inmigración de los Estados Unidos, lo que condujo al fin del éxodo en octubre de ese mismo año.

Tres meses después, en el 1981, el presidente Reagan llegó al poder. Se convirtió en un presidente popular y uno de los favoritos de mi esposo, ya que deseaba acabar con el comunismo mundial. Un año después de que Regan tomara la presidencia, en el 1982, Phil conoció a Tania, una cubana refugiada que como él tenía diecisiete años.

El conocerla cambió a mi hijo. Parecía más interesado en aprender sobre Cuba y hablaba de ella a menudo. La muchacha iba a la escuela *Jefferson High School* y mi hijo a *Tampa Bay Tech*, pero sus caminos se habían cruzado cuando uno de los amigos de Phil comenzó a salir con la hermana menor de Tania. Phil se enamoró en el momento en que la vio. La chica rubia de La Habana que había venido de Cuba en el 1980 también capturó mi amor y simpatía, pero temía la reacción de mi madre, ya que la familia de Tania estaba comenzando la vida de inmigrantes en los Estados Unidos, mientras que nosotros, luego de haber estado más de doce años en este país habíamos logrado una estabilidad financiera.

Los padres de la joven inmigrante estuvieron separados por culpa del gobierno cubano durante casi doce años, su padre en los Estados Unidos y su madre, con sus tres hijos, en Cuba. La reintegración de la familia se había enfrentado a varios desafíos. El padre se convirtió en un alcohólico durante los años en que la familia permaneció separada, y la abuela de la niña sufría depresión, ya que tuvo que dejar a su marido y a sus hermanas en Cuba para venir con sus nietos a los Estados Unidos.

A pesar de todos los obstáculos, Tania era una buena estudiante, y Phil comenzó a concentrarse más en sus calificaciones luego de hacerse su novio. Hasta competían entre sí sobre cuál se graduaría con un mejor promedio. Al final, ambos obtuvieron buenas notas.

Capítulo 35 - Graduación

Cuando Phil anunció, en el 1983, que había cumplido con todos los requisitos para graduarse de *Tampa Bay Tech*, yo, que nunca me gradué de la secundaria, estaba muy feliz. Su graduación, la cual tomó lugar poco después de que cumpliese dieciocho años, también coincidió con la anhelada visita de mis padres a Tampa.

¡Yo estaba tan orgullosa de Phil! Un hijo modelo —reflexivo, cariñoso y amoroso—. Phil me había dado mucha felicidad, pero presentía que pronto se iría de mi casa para comenzar su vida.

Mis padres llegaron unos días antes de la graduación de Phil; fue una reunión muy emotiva que les permitió verlo después de tantos años, y conocer a los gemelos que yo había tenido en el 1976.

Esa semana en que Phil se graduó, yo fui de una emoción a otra. Cada vez que iba a la tienda a comprar víveres con mis padres, y ellos observaban los estantes tan repletos de comida, apenas podían contener sus lágrimas.

—¿Qué pasa, papá? —le pregunté.

—Si tu hermana sólo pudiera estar aquí. Este es el país más increíble del mundo.

El día de la graduación, Willy llevó a mis padres, a los gemelos y a mí al *Sun Dome* de la *Universidad del Sur de la Florida*, el lugar donde se celebraría el evento, mientras que Phil se fue a recoger a su novia y a su familia.

Capítulo 35 - Graduación

En el camino a la graduación, sentado en el asunto trasero, papá miraba la ciudad al pasar, mientras que yo lo observaba a través del espejo retrovisor. Papá llevaba una camisa de manga larga, del mismo tipo que se ponía cuando yo era niña. Su cabello había retrocedido desde la última vez que lo vi, pero todavía tenía de la cabeza llena de pelo blanco.

—¿Estás feliz, papá? —le pregunté, girando la cabeza en su dirección mientras Willy manejaba.

Asintió con la cabeza.

—Si solo tu hermana y su familia pudieran estar aquí —dijo.

—La felicidad pocas veces es completa, papá.

—Me gusta sentirme libre de nuevo —me dijo—. Pero ¿quieres saber algo que me resulta interesante? Después de haber vivido bajo el gobierno de Castro durante veinticuatro años, todavía tengo miedo de decir cómo me siento. Me temo que no importa a dónde vaya, alguien siempre me estará vigilando.

Sus palabras me hicieron hervir la sangre.

—Deberías quedarte aquí, papá —le dije mientras nos dirigíamos rumbo al norte por la carretera *Interestatal 275*.

—No podemos —mi madre respondió, moviendo la cabeza de un lado al otro—. Sabes lo que siento por tu hermana. Ella es mi orgullo y alegría y nos necesita. No puedo dejarla a ella ni a mis nietos. Preferiría morir.

Aunque reconocí la verdad en sus palabras, me sentí un poco celosa de su preferencia hacia Nancy.

—Los padres siempre protegen más a los hijos que más los necesitan, Madeline — mi padre explicó, como si hubiese interpretado mi silencio—. Cuando eras niña, nunca me imaginé que te convertirías en una de las mujeres más fuertes que conozco. Estoy orgulloso de ti y de lo que has hecho con tu vida. Lamento que hayas tenido que trabajar tan duro.

Yo temía que Willy encontrara las palabras de mi padre ofensivas, por lo que me fue preciso actuar de inmediato.

—Papá, mi esposo ha sido un gran proveedor. Arriesga su vida todos los días para darle de comer a su familia. Tengo suerte de tener en mi vida a alguien como él.

—Me malinterpretaste, *mija* — respondió—. Como padres, siempre queremos que nuestros hijos tengan una vida cómoda. Nunca hubiese querido que terminaras limpiando pisos y baños en una escuela, pero entiendo que los tiempos han cambiado y que haces lo que debes hacer. Las mujeres ahora tienen que dejar a sus hijos en guarderías para ayudar a sus maridos.

—También somos inmigrantes, papá, y no hablamos bien inglés. Nuestros sacrificios nunca fueron destinados a beneficiarnos a nosotros, sino a nuestros hijos. Hoy, mi sueño se está volviendo realidad. Mi hijo es la primera persona de nuestra familia en graduarse de la escuela secundaria, pero esto es sólo el comienzo. Habla bien inglés y es muy inteligente. Espero que vaya a la universidad y tenga una gran vida.

Luego, cuando nos sentamos en las gradas de un estadio repleto de gente esperando que Phil cruzara por el escenario para recibir su diploma, mi padre me tomó la mano y la sostuvo fuertemente. Como con cada graduación, la energía y las emociones del día culminaron en el final de un capítulo y el comienzo de otro. Personas de múltiples orígenes convergieron en esta ocasión especial para celebrar el nuevo comienzo.

Al concluir la ceremonia, después de que las numerosas gorras y birretes vaciaran el escenario, los parientes siguieron a los graduados fuera del estadio. Allí, bajo un sol brillante de verano, comenzaron las felicitaciones y los abrazos.

Buscamos a Phil y a su novia entre la multitud por un largo rato. Por fin, vi sus gafas y su fino bigote, complementado con una sonrisa que iluminaba la tarde. Alerté a Willy y a mis padres, y nos apresuramos hacia él. Se veía tan feliz junto a Tania y su familia.

Tania acababa de graduarse de la escuela secundaria y se había registrado para comenzar la universidad en el otoño. Su sonrisa ocultaba su pasado de muchas dificultades y sufrimiento, pero en este día solo importaban el futuro y el amor que existía entre ellos. Vi en ella a esa misma chica de Arroyo

Blanco de la que Willy se enamoró muchos años antes.

Mi madre, por su parte, no parecía contenta con Tania, al igual que no lo estuvo cuando yo conocí a Willy. No me di cuenta de esto al concluir de la ceremonia, sino más tarde, cuando nos reunimos en casa de la familia de Tania para una celebración. Con lo poco que tenía esta familia, insistieron en comprarle a mi hijo un *cake* y refrescos. Fue entonces que noté la forma despectiva en que mi madre la miraba. La chica llevaba ropa donada que le quedaba grande y parecía desnutrida. Sin importarle como la trató mi madre, hizo todo lo posible para ganarse su simpatía, incluso la abrazó y la besó como si fuera su propia abuela. Sin embargo, a juzgar por la expresión seria de mi madre, nada de lo que Tania pudiera hacer persuadiría a mamá a cambiar de opinión.

El día en que mis padres regresaban a Cuba, recibimos una llamada de Tania.

—¿Qué pasa, cariño? —le pregunté al escuchar su llanto.

Al principio, Tania no pudo decir nada.

—Es mi abuela —ella dijo al fin—. Está muerta. Se dio un tiro.

La abuela de Tania había dejado a su marido en Cuba, no al abuelo de Tania, sino al hombre con el que se casó varios años después de que perdiera a su primer esposo. La reunificación con su hijo en los Estados Unidos, después de que el gobierno cubano mantuviera a la familia separada durante doce años, resultó en la repentina separación de su esposo y hermanas. Ella ni siquiera pudo despedirse ya que él estaba en el trabajo cuando las autoridades vinieron a recogerla. Le pedí a Phil que fuera a la casa de Tania. Ella lo necesitaba más que yo. Mientras tanto, Willy, los gemelos y yo acompañamos a mis padres a Miami.

Durante nuestro viaje, esperaba que mis padres cambiaran de opinión y se quedaran. Los necesitaba más de lo que ellos pensaban, pero al final, su deseo de proteger a mi hermana ganó.

Capítulo 36 – Reunificación

Mi padre solía decirme que a veces Dios nos compensa por las cosas que nos arrebata. Mi primer regalo me llegó una noche, después de una llamada frenética de Tania:

—¡Mi papá acaba de enterarse de que estoy embarazada y amenazó con matarte! Por favor ven a buscarme. Me escapé de la casa —le dijo a Phil.

Cuando él dejó caer el teléfono y salió corriendo, tuve que tranquilizarla.

—Tania, cálmate, cariño —le dije al escuchar su llanto.

—¡Tenía una pistola en la mano! —ella respondió.

Sus palabras me dejaron muy nerviosa, especialmente al ver a Phil salir de la casa como un loco y chillando gomas.

Esa misma noche, Tania llegó a mi casa solo con la bata de casa que llevaba puesta. Cuando entró en nuestra sala, parecía asustada. La abracé y lloró en mis brazos. Nos sentamos juntas y hablamos durante mucho tiempo. Había sufrido más de lo que había imaginado. Su madre intentó suicidarse cuando la niña tenía seis años. Cuando esto sucedió, Tania entró en la habitación justo a tiempo para detenerla, pero la experiencia la había marcado de por vida. Me contó sobre los doce años que sus padres habían estado separados porque el gobierno cubano no permitió que su madre abandonara la isla con todos sus hijos. Sus ojos mostraban tanta tristeza que me sentí obligada a ayudarla.

—No te preocupes, cariño. Todo saldrá bien —le dije.

Tania y mi hijo intercambiaron miradas. Vi en ellos la angustia que tuve cuando mis padres me alejaron de Willy. Sentí entonces que Dios me había enviado un regalo trayéndola a nuestras vidas, pero no sabía lo valioso que sería.

Dos días más tarde, Phil y Tania fueron a las cortes a casarse. El juez y su secretaria sirvieron como testigos. Nadie de su familia asistió a la ceremonia, y tanto Willy como yo tuvimos que trabajar ese día.

Tania, la chica de 98 libras, no podría volver a ver a su padre o a sus hermanos durante varios meses; no hasta que naciera mi nieto.

Después de que dejó su casa, su padre les había dicho a sus hermanos:

Capítulo 36 – Reunificación

—Tu hermana ha muerto hoy. Su nombre no será mencionado en esta casa de nuevo.

El padre de Tania no anticipó que el nacimiento de su primer nieto, siete meses después, lo haría cambiar de opinión. No entendía que él no tenía control sobre a quién su hija amara, de la misma manera que mis padres no pudieron controlar lo que yo sentía por Willy.

Unos meses más tarde, el hijo de Phil, Phil Jr., volvería a reunir a la familia. Ese fue mi segundo regalo.

***

Después del nacimiento de mi primer nieto, el paso del tiempo me trajo muchas alegrías y a veces lágrimas.

Siete años después de la visita de mis padres a Tampa, la economía en Cuba continuaba deteriorándose. Estaba desesperada por sacar a mis padres de la isla, pero sabía que nunca abandonarían a mi hermana. Al final, nuestra eventual reunificación traería consigo un precio que jamás yo hubiera concebido.

El 15 de diciembre de 1990, llamé a mi hermana para saber de mis padres. Dijo que papá había estado muy enfermo, pero que se sentía mejor.

—¿Cuándo vas a volver a Cuba? —preguntó.

Capítulo 36 – Reunificación

—No lo sé, Nancy. Hay muchas cosas pasando en el mundo. Probablemente debería esperar un poco más. ¿Por qué?

—Es que... He tenido pesadillas últimamente. Me temo que nunca nos volveremos a ver.

—¿Cómo puedes decir eso? Uno nunca debe decir esas cosas. Por supuesto que sí. Necesitas tener fe.

—Dejé de tener fe hace mucho tiempo —dijo ella—. Solo sé que pase lo que pase, siempre te cuidaré, ¿me oyes?

—¡Deja de hablar así!

—No te preocupes por mí, hermana. Ya sabes lo que dicen de la gente que se quedó en esta isla abandonada por Dios: quien no está loco, le falta poco.

—Nancy, por favor cuídate mucho que todos te necesitamos. Dales un abrazo a todos, ¿de acuerdo?

—Lo haré.

—Hablaremos en El Año Nuevo, ¿me oyes?

—De acuerdo, Madeline. Besa a todos en mi nombre.

Después de que terminara la llamada, compartí nuestra conversación con Willy, pero me dijo que no debía preocuparme.

—La gente en Cuba necesita acercarse a Dios —agregó.

Sin embargo, no podía dejar de pensar en las palabras de mi hermana.

Capítulo 36 – Reunificación

El 31 de diciembre, mi familia de Tampa y yo le dimos la bienvenida al Año Nuevo en la casa de mi hijo en el barrio de *Carrollwood*. Para entonces, él y su esposa habían comprado una casa de cuatro dormitorios y dos baños. Durante años, habían trabajado a tiempo completo, asistiendo a la universidad por la noche, lo que los condujo a graduarse con sus títulos de licenciatura.

Ahora, estaban trabajando para obtener su grado de maestría en la *Universidad del Sur de Florida*.

En la noche del 1 de enero de 1991, los padres de Tania se reunieron con nosotros en nuestra casa para cenar. Río, su padre, que en ese momento había perdido todo su cabello, nos hizo reír como si no nos hubiésemos reído en años cuando se puso la peluca de hombre y nos habló con voces tontas. También jugó *Monopolio* con Phil Jr. e hizo bromas de Pepito. Pepito fue la personificación de la tragedia cubana, un niño ficticio y mal portado que les hacía preguntas difíciles a sus maestros sin los filtros que tendría una persona adulta. Pepito se convirtió en la terapia del pueblo cubano, el cual se refugió en la comedia para escapar de la realidad.

—Déjenme decirles otro —dijo Río con entusiasmo—. Escuchen, escuchen... Pepito está en una clase, y el maestro les pregunta a todos los niños: *"¿Pueden compartir alguna noticia personal con los otros estudiantes?"* Pepito levanta la mano y dice: *"Sí, profesor. Mi perro tenía tres cachorros, y todos son revolu-cionarios.* El profesor brilla de felicidad. Dos semanas después, unos funcionarios de alto rango vienen a visitarlos, y el maestro hace la misma pregunta. Esta vez, Pepito levanta la mano de nuevo y dice con entusiasmo: "*Sí, profesor. Mi perro tuvo tres cachorros, y todos quieren irse para los Estados Unidos*". Indig-nado, el maestro pregunta: "*Pero, si hace dos semanas, me dijiste que eran revolucionarios*". Pepito responde: "*Sí, profesor, pero abrieron los ojos*".

Todos nos reímos a carcajadas, pero el recuerdo de las palabras de mi hermana me mantenía nerviosa.

Le dimos la bienvenida al Año Nuevo con doce uvas, vino y música. Pensé en lla-mar a Cuba, pero decidí esperar hasta la ma-ñana siguiente. Cuando al fin llamé, nadie respondió. Lo intenté de nuevo al día siguien-te. No hubo respuesta.

El 3 de enero, cuando terminé de plan-char las camisas de la escuela de los gemelos, sonó el teléfono. Willy respondió y momentos después, me entregó el auricular.

—Es tu mamá —me dijo.

Coloqué el auricular contra mi oreja.

—Mamá, ¿está todo bien?

Las palabras que escuché me estreme-cieron.

—Ay Madeline... ¡La he perdido!

Cuando la escuché llorar, traté de pro-cesar lo que quería decir.

Capítulo 36 – Reunificación

—¡Mamá, por favor explica lo que pasó! ¿De quién hablas?

—No sufrió —mamá respondió—. Murió instantáneamente.

—¿Quién murió, mamá?

Me imaginé, a juzgar por su reacción, que tenía que ser una de mis tías. Sin embargo, cuando finalmente respondió a mi pregunta, mi mundo se detuvo. No podía respirar. Todo empezó a girar a mi alrededor, y emití un grito. Willy se apresuró hacia mí. Sacó una silla y me pidió que me sentara.

—¿Qué pasó, Madeline?

No pude responderle al principio. Cuando me vio llevar mis manos al pecho, corrió al refrigerador y me trajo un vaso de agua.

—Mi amorcito —dijo—. ¡Por favor! Dime que pasó.

—¡Es mi hermanita, Willy! —le dije, dejando caer mi cabeza sobre mi regazo. Willy me abrazó y me besó la cabeza.

—¡Dios mío! —dijo.

—Solo trató de ayudarlos —le expliqué —. Pero entonces un conductor ebrio vino y se los llevó a ambos.

Willy tomó el teléfono y mi madre le explicó lo que pasó.

Era de noche. Nancy, Alexis y dos policías buscaban con sus linternas un objeto que uno de los policías había perdido en la hierba. Los detalles eran esbozados y confusos. Los cuatro estaban de pie al lado de un camino rural desierto. Vieron las luces del vehículo que se acercaba, pero continuaron buscando. En cuestión de minutos, el conductor destrozó sus vidas después de perder el control de su *Jeep*. Borracho, se había quedado dormido al volante.

Cuando Nancy fue llevada al hospital, ya estaba muerta. Su marido había sobrevivido el accidente, pero cuando se despertó y vio el cuerpo ensangrentado y sin vida de ella junto a él, sufrió un ataque del corazón.

Cuando Willy me relató después lo que había sucedido, recordé el sueño de Nancy. Nancy murió como había vivido, ayudando a los demás. Un policía del gobierno de Castro sería la última persona que ella ayudaría.

***

Regresé a Cuba una última vez. Para entonces, todo lo que restaba de la chica de Arroyo Blanco se había muerto y yacía con mi hermanita.

A diferencia de mi primer viaje, esta vez visité el lugar de descanso de mi hijo, pero no fue hasta que me paré frente a la tumba de mi hermana que perdí la compostura y cuestioné a Dios por llevársela tan pronto. Ella no merecía morir, ni Alexis tampoco.

Si existía un cielo, esperaba que Nancy y Alexis hubieran ido allí. Las vidas que habían vivido los hacían merecedores del cielo. Con sus muertes, esperaba que mi hijo muerto hubiese ganado una madre y un padre.

Capítulo 36 – Reunificación

Con la partida de mi hermana, mis padres perdieron lo que los ataba a Cuba. Me sentía culpable, como si mis deseos hubieran provocado esto. Habría dado todo lo que tenía para salvar a mi hermana, incluso mi vida. También me sentía culpable de que, en mi deseo de sacar a mis padres de Cuba, haría que los hijos de Nancy perdieran a sus abuelos. Me consolé con la idea de que ahora eran adultos y tenían a sus abuelos paternos en sus vidas, mientras que papá seguía poniéndose más frágil cada día. Necesitaba sacarlo antes de que fuera demasiado tarde. Quería que muriera como un hombre libre.

La vida en Cuba empeoró tras la disolución de la Unión Soviética el 26 de diciembre de 1991. El Período Especial, una crisis económica mucho más profunda, siguió, después de que Cuba perdiera aproximadamente el 80% de sus importaciones. Los apagones, las largas esperas en las paradas de los autobuses, el hambre y la desnutrición se convirtieron en una realidad cotidiana.

La vida en los Estados Unidos también estaba cambiando. En el 1993, el presidente Bill Clinton ganó la presidencia. Mi marido no estaba contento, ya que igualaba a los demócratas con los socialistas. Nadie podía hacerle entender que los dos no eran equivalentes.

Una vez que Clinton asumió el cargo, parecía que de todo lo que Willy podía hablar era sobre el error que el pueblo estadounidense había cometido al votar por él, pero yo no tenía paciencia para la política. Cada vez que comenzaba un monólogo enfático sobre la nueva administración, yo me marchaba a la cocina.

Poco después de la toma de posesión de Clinton, recibimos una llamada de Cuba. Mis padres habían recibido la aprobación para salir de la isla. Por mucho que había deseado que este día llegara, el pensar en mi hermana nubló mi felicidad.

El día de la tan esperada llegada de mis padres, Phil alquiló un Dodge miniván y nos llevó a su esposa, su hijo de nueve años, Willy, y a mí al *Aeropuerto Internacional de Miami*. Durante el viaje de cinco horas, me sentía ansiosa, sin saber si mi padre podría sobrevivir a las emociones del viaje.

Phil Jr. hizo que el tiempo pasara rápido cantando y bromeando.

Nunca imaginé que querría a mi primer nieto tanto, o que Tania se convertiría en la hija que no tenía. Ellos me ayudaron a través de mi largo proceso de luto: Phil Jr., agarrando mi cara cada vez que me veía triste y obligándome a sonreír, y Tania, escuchando mis historias acerca de mi hermana. A mi nuera le encantaba escribir, pero en ese entonces, no me di cuenta de que sería Tania quien algún día escribiría mi historia. A través de las páginas de ese libro, mi hermana volvería a vivir.

Llegamos al aeropuerto antes del mediodía y nos sentamos a esperar. Phil Jr. comenzó a contarme una historia sobre uno de sus maestros, cuando una mujer que se encontraba sentada a mi lado comenzó a gritar:

—¡Mi hermana! Oh, Dios mío, gracias por traerte después de todos estos años.

La mujer corrió hacia su hermana y la abrazó. Miré hacia abajo. Momentos después, sentí un toque en mi hombro.

—Mamá —dijo Phil—. *Grandma* y *Grandpa* están aquí.

Miré hacia donde me indicaba Phil y vi sus caras confusas. Mamá llevaba la mayor parte del equipaje. Después de todos estos años, ella todavía cuidaba de mi padre, pero el hombre que conocí nunca le habría permitido cargar con todo ese peso.

—¡Papá! —grité—. ¡Mamá!

Todos corrimos hacia ellos. Primero abracé a mi padre, luego a mi madre. Mientras tanto, Phil tomó las maletas de ella y Willy agarró las de mi padre. Unos segundos después, mi madre me agarró el abrazo.

—¡Dios mío! —dijo ella—. ¿Este es mi bisnieto? No puedo creer lo mucho que ha crecido.

Con lágrimas en los ojos, ella y mi padre abrazaron al niño y besaron sus mejillas.

— Se parece a tu hijo a esa edad —dijo Papá.

Mi padre extrajo un pañuelo de su bolsillo y se limpió una lágrima. Fue entonces que noté las arrugas adicionales en los rostros de mis padres.

Capítulo 36 – Reunificación

—Se acabó, papá —le dije, colocando mi brazo alrededor de él—. Tu pesadilla ha terminado. ¡Por fin eres libre!

—Gracias, Madeline por permitirme vivir en un país libre antes de que sea demasiado tarde.

—Vamos, mi viejo —le dije—. Te cuidaré y vivirás muchos años más.

Salimos juntos, yo sosteniendo la mano de mi padre de ochenta y siete años, y mi madre de ochenta y un años, aferrándose a su brazo.

Después de ese día, nos dedicamos a demostrarle a mis padres lo que era vivir en los Estados Unidos. Los llevamos al cine, a los supermercados y a las casas de nuestros vecinos. También fuimos a Orlando a visitar a los hermanos de Willy. La familia de Willy los acogió con una gran comida y los trató como si fueran sus propios padres. Durante la celebración, mi padre siguió mirándome sin decir una palabra. Sabía lo que estaba pensando.

Un sábado por la tarde, Willy nos llevó en carro a *Clearwater Beach* para ver la puesta de sol. Papá parecía cauteloso mientras examinaba su entorno. Después de que el sol desapareciera en el horizonte, papá respiró profundamente y apretó mi mano.

—Gracias —dijo.

Cada noche, cuando regresábamos del trabajo, papá nos daba las gracias a Willy y a mí por permitirle experimentar la libertad después de tantos años sin ella.

Una tarde soleada, cuando papá terminó de leer el periódico en el portal, entró en la casa y se sentó junto a Willy. Mi esposo estaba mirando *Sábado Gigante*, uno de sus programas de televisión favoritos.

—Nunca te he dicho esto —dijo papá—. ¿Recuerdas que no quería que te casaras con Madeline?

Willy bajó el volumen, se volvió hacia mi padre y asintió con la cabeza.

—Ella era una niña, y yo era demasiado testarudo para escucharla —añadió mi padre—. Sin embargo, ahora, al final de mi vida, es importante no dejar ninguna palabra sin decir. Willy... Gracias. Gracias por haber hecho a mi hija tan feliz todos estos años. Gracias por ser fiel a tu palabra y cuidar de ella. Puedo morir en paz sabiendo que te tiene a su lado.

Su voz se agrietó mientras decía esto. En los últimos tiempos, se había vuelto más sensible de lo habitual al hablar del pasado.

—No tiene que agradecérmelo, señor. Yo adoro a Madeline, y todo lo que deseo es verla feliz.

Mi padre apretó los labios, acarició a Willy en la mano y asintió con la cabeza.

Esa noche, mi padre abrazó a cada miembro de su familia y nos dijo cuánto nos amaba.

—Gracias por permitirme experimentar la vida en un país libre —me dijo, como lo había dicho tantas veces.

Mamá lo acompañó a su dormitorio, sacó su pijama limpia de una gaveta y lo ayudó a prepararse para la cama. Después de ver un programa de televisión, los dos durmieron uno en los brazos del otro.

Mi padre nunca despertó. Dios se lo llevó en sus brazos esa noche. A la mañana siguiente, mientras esperábamos la ambulancia, mamá lloró mucho, pero aún no estaba lista para irse con él.

Obstinada como siempre, mamá esperó a que los gemelos se convirtieran en hombres, a que uno de ellos le diera dos bisnietos. Ella se mantuvo fuerte para querer a sus bisnietos y verlos crecer.

Mamá era la más cariñosa de las bisabuelas, siempre compartiendo lo que tenía con sus bisnietos y amándolos hasta que su corazón ya no podía amar más.

Se aferró a la vida con la fiereza de una leona. Cuando su cuerpo ya no podía sostenerla, y sus piernas colapsaron bajo el peso de los años, le pidió a su madre que se la llevara a casa.

Tania, la chica que mi mamá no quiso al principio, pero quien se convirtió en una nieta para ella y una hija para mí, me ayudó a cuidar de mamá durante sus últimos momentos de vida. Fue Tania quien le cerró los ojos. Mamá acababa de cumplir 101 años, el final de una vida bien vivida.

Un día, al documentar nuestra historia, Tania sería quien le daría vida eterna a la niña que una vez vivió en Arroyo Blanco. Y ahora, mientras Willy y yo disfrutamos de nuestros últimos años de vida juntos, sé que dondequiera que estén mis padres, papá todavía estará sosteniendo la mano de mamá. Sé que los dos, Alexis y mi hermana, están cuidando a mi hijo pequeño.

Me dejaron todos para comenzar una nueva vida feliz en el cielo y esperarán hasta que la chica de Arroyo Blanco se reúna con ellos de nuevo.

Fotos

Nancy y su esposo

Con Nancy, en la entrada el aeropuerto de Camagüey, durante mi primera visita a Cuba

Créditos y reconocimientos

Me gustaría darles las gracias a las siguientes personas por su increíble ayuda en el montaje de la información que constituiría la base de esta novela, o por leer y hablarles a otros sobre mis libros:

Mi madre, Milagros, por dedicar su vida a su familia, abogar a favor de la educación, y mostrarme la importancia de reciprocarle a la comunidad.

María Fernández, por ser siempre una madre para mis hermanos y para mí y por todo su apoyo.

Mi esposo y amigo, Iván, por su paciencia y apoyo a lo largo de la escritura de este libro y sus valiosas sugerencias con respecto a las secciones clave del manuscrito. Gracias por escribir los párrafos en la contraportada.

A mi hijo Iván y a su esposa Gloria, por todo su apoyo.

Kayrene Smither, una lectora y amiga que se ofreció a leer mi borrador y siempre tiene excelentes recomendaciones. Estoy muy agradecida por su amistad y retroalimentación.

Vilma Pérez, una persona extraordinaria, esposa de mi primo Lázaro, y una talentosa editora, gracias por editar este libro.

Shelly Corzo Shaffer, por ser una de mis lectoras beta y ofrecer sus sugerencias.

Créditos y reconocimientos

Mis leales amigos y lectores, demasiado numerosos para nombrarlos, por compartir mis publicaciones, leer mis libros y contarles a los demás sobre ellos.

Mi mentor, el profesor John Fleming (Programa de Escritura Creativa de la *Universidad del Sur de Florida*) con quien estoy en deuda por sus enseñanzas y apoyo.

Madeline Viamontes y su esposo Guillermo, por confiar en mí para documentar su historia, por ser como padres por más de 35 años, por responder a cientos de preguntas sobre la vida en Cuba antes y después de la revolución de Castro, y por cocinarme almuerzo todos los fines de semana durante los últimos meses de la escritura de este libro. Gracias, Madeline, por ayudarme con la traducción al español.

Mi hermana, Lissette y mi hermano, René, (y sus hijos) por su aliento y por contarle a la gente sobre mis libros. También, a Jeff, el esposo de mi hermana, por todo su apoyo.

Toda mi familia extendida, demasiado numerosa para mencionar, y a las personas que, aunque no son parientes de sangre, se han convertido en familia. Tracey O'Neil, mi otra hermana, ¡gracias!

Mi creciente número de lectores en todo el mundo, y a los clubes de libros que han seleccionado mis libros. Gracias por apoyar a autores independientes.

Kimberly Ruiz, autora del maravilloso libro infantil *The Magic Glove* y su esposo Rico Ruiz, por sus sugerencias en la creación de la portada.

Créditos y reconocimientos

El maravilloso grupo de *Facebook Women Reading Great Books* por ayudarme a decidir si incluir títulos en cada capítulo.

MigrationPolicy.org por un artículo perspicaz. https://www.migrationpolicy.org/article/cuba n-migration-postrevolution-exodus-ebbs-and-flows

PBS.org por este útil artículo. https://www.pbs.org/wgbh/americanexperienc e/features/post-revolution-cuba/

El *History Channel*, por los videos y las imágenes sobre Cuba.

Acerca del autor

Betty Viamontes nació en La Habana, Cuba. Cuando tenía quince años, ella y su familia abordaron un barco camaronero frente a la costa de La Habana durante lo que se conoció como el éxodo de Mariel. Más de doscientos refugiados la acompañaron esa noche tormentosa cuando muchas personas perecieron en botes sobrecargados, similares al que trajo a su familia. Desde que la familia llegó a Key West en el 1980, la madre de Betty les decía a todos: —Un día, mi hija escribirá nuestra historia.

Los padres de Betty ya han fallecido, pero en el 2015, Betty cumplió la promesa que le hizo a su madre, publicando la novela **Esperando en la calle Zapote,** basada en la historia de su familia. Su novela fue seleccionada por un club de lectura de las Naciones Unidas en febrero del 2016 y ha sido presentado en una universidad local debido a su relevancia histórica. Uno de sus capítulos apareció en la revista literaria de la Universidad del Sur de la Florida, *The Mailer Review*, en el 2016. Sus cuentos y poemas han sido publicados en revistas literarias, antologías y periódicos. Ella es oradora y tiene títulos de posgrado en administración de empresas y contabilidad de la Universidad del Sur de la Florida, de donde también recibió un Certificado de Posgrado en Escritura Creativa. Publicó la antología *Los secretos de Candela y otros cuentos de la Habana*, la novela *La danza de la rosa*

Acerca del autor

(una secuela de *Esperando en la calle Zapote*), y la novela *La Habana: El regreso de un hijo*.

En el 2018, *Esperando en la calle Zapote* fue ganador del *Premio Latino Libros A Películas*, categoría Serie de TV Dramática, un premio presidido por el talentoso actor Edward James Olmos.

Betty está trabajando con otras distinguidas autoras (Susana Jiménez Mueller, Jean Morciglio y Anna Brubaker) en *Like Finding Water in the Desert*, una antología cuyo objetivo es inspirar a otras mujeres a superar los obstáculos que la vida nos presente.

Made in the USA
Middletown, DE
26 October 2024

63334419R00163